KB075418

Julia 프로그래밍

Julia 프로그래밍

데이터 처리를 위한 쉬운 고성능 언어

이보 발바르트 지음 | 전철욱 옮김

지은이 소개

이보 발바르트 ^{Ivo Balbaert}

벨기에 커뮤니티 대학 CVO 안트베르펜^{Antwerpen}(www.cvoantwerpen.be)에서 (웹) 프로그래밍과 데이터베이스를 가르치고 있다. 1986년 안트베르펜 대학에서 응용 물리학 박사 학위를 받았다. 20년 동안 소프트웨어 산업계에서 개발자와 컨설턴트로 일했고, 10년간 안트베르펜 대학병원에서 프로젝트 매니저를 맡았다. 2000년 이후로, 소프트웨어를 개발하며 대학에서 학생들을 가르치고 있다.

2012년에 루비 온 레일스 개발서인 『Programmeren met Ruby en Rails』(Van Duuren Media)를 집필했고, 2012년에 Go 프로그래밍 언어 도서인 『The Way To Go』(iUniverse)를 저술했다. 2013년에는 제난 리드야노빅^{Dzenan Ridjanovic}과 함께 팩트 출판사에서 펴낸 『Learning Dart』와 『Dart Cookbook』도 공저했다.

> 나는 이 책을 보강해준 감수자 파스칼 뷔농, 마이클 오트, 더스틴 스탠스베리에게 감사한다.

기술 감수자 소개

파스칼 뷔뇽^{Pascal Bugnion}

소프트웨어 개발에 대한 열정과 풍부한 분석 배경 지식을 가진 데이터 과학자다. 옥스포드 대학에서 재료 과학^{materials science}을 전공했고, 캠브릿지 대학에서 계산 물리학^{computational physics} 박사 과정을 마쳤다. 이 과정에서, 고체 물리학^{solidstate physics}의 양자 몬테 카를로^{quantum Monte Carlo} 기법을 개발 및 응용했다. 그 결과, 세계적인 물리학 저널인 「피지컬 리뷰 레터스^{Physical Review Letters}」에 기재된 논문을 포함해 4개의 논문을 출판했다. 투표자의 행위를 예측하는 회사인 SCL Elections에서 데이터베이스 설계자로 일하고 있다.

특히 파이썬 과학 오픈소스 소프트웨어에 특별히 관심이 높다. NumPy, matplotlib, IPython에 기여했으며, 몬테 카를로 파이썬 라이브러리인 ScikitMonaco, IPython notebook에서 구글 맵을 넣는 파이썬 모듈인 GMap을 관리하고 있다.

마이클 오트^{Michael Otte}

경로 계획^{path planning} 알고리즘과 멀티로봇 시스템을 중심으로 로보틱스 인공지능의 응용 분야에 관심이 많다. 2012년부터 행위 계획^{motion planning}, 그래프 검색, 최신 알고리즘을 구현하는 데 줄리아^{Julia} 언어를 사용하고 있다(www.ottelab.com에 좀 더 많은 정보가 있다.). 현재 콜로라도 대학교 볼더 캠퍼스^{University of Colorado at Boulder}의 항공우주공학^{Aerospace Engineering Sciences} 과에서 연구하고 있다. 이전에 MIT^{Massachusetts Institute of Technology}의 정보 결성 시스템 연구소에서 박사 후 과정을 보냈다. 클라슨^{Clarkson} 대학에서 항공 공학과 컴퓨터 과학을 전공했으며, 콜로라도 대학교 볼더 캠퍼스에서 석사, 박사 학위를 받았다.

더스틴 스탠스베리^{Dustin Stansbury}

애팔래치안 주립 대학^{Appalachian State University}에서 물리학과 심리학을 전공했으며, 캘리포니아 대학교 버클리^{UC Berkeley}에서 비전 과학으로 박사 학위를 받았다. 졸업 연구를 위해 포유류 시청각 체계^{mammalian visual and auditory systems}에 대한 계층 통계적 모형^{hierarchical statistical models}을 개발했다. 현재 음악 검색 분야에서 일하고 있으며 주기적으로 자신의 기계 학습 블로그 theclevermachine에 글을 쓰고 있다.

『Scene Vision: Making sense of what we see』(MIT Press, 2014)의 한 단원을 집필하기도 했다.

옮긴이 소개

전철욱(chulwuk.jeon@gmail.com)
웹의 개방성, 파이썬의 기민성, 기계 학습의 예측성을 좋아한다. 공익을 위한 재능을 만들고자 노력 중이다. 호주에서 여우 세 마리에게 잡혀 살고 있다. 에이콘출판사의 『Building Machine Learning Systems with Python 한국어판 (개정판)』(2015)과 『R을 활용한 기계 학습』(2014)을 번역했다.

옮긴이의 말

계산하는 기계와의 대화

100년 전, 컴퓨터라는 이름이 세상에 알려지기도 전에 계산하는 기계와 사람은 스위치로 대화했다. 그 후 기계어로, 좀 더 발전된 어셈블리어로 대체되면서 이 계산하는 기계와 더 쉽고 편리하게 대화하는 방법들이 개발되었다. 최초의 고수준 언어인 포트란Fortran의 전신이 1950년대에 등장했고, 곧이어 리스프LISP나 알골Algol과 같은 언어도 등장했다. 최신 컴퓨팅 환경은 다양한 프로세서, 고속으로 연결되는 망, 병렬 작업, 수많은 적용 분야domain로 대표된다. 프로그래밍 언어도 더 많이 등장했다. 이러한 컴퓨팅 환경에서 모든 분야에 최상의 결과를 내는 하나의 만능 언어를 찾기는 어렵다. 차라리 각 분야에 맞는 언어로 빠르게 개발하고 지속적으로 관리하는 것이 더 해답에 가까울 수 있다. 새롭고 강력한 언어로 컴퓨터와 더 '잘' 대화해야 할 필요성이 바로 여기에 있다. 비트겐슈타인의 말을 좀 바꿔본다. "새 언어는 내 세계의 한계를 넓힌다."

데이터와의 대화

줄리아Julia는 2012년 2월에 첫 버전을 공개한 최신 프로그래밍 언어다. 이 언어는 지금의 주류 언어와 다양한 면에서 차별성을 갖는다. 파이썬과 같은 쉽고 간략한 문법, C와 같은 실행 속도, R이나 매트랩MATLAB과 같은 계산력, 리스프와 같은 메타프로그래밍, 사용하기 쉬운 병렬 기능뿐만 아니라 언어 외적인 면에서도 다양한 기능을 제공한다. 편리한 패키지 관리, 다른 언어와의 뛰어난 접착성Glue, 다기능 대화형 환경이 그것이다. 줄리아는 고성능 프로그램을 쉽고 빠르게 구현할 수 있도록 하며, 특히 많은 데이터를 다루는 작업에 탁월하도록 고안되었다. 그 중심에는 LLVMLow Level Virtual Machine 기반 JITJust in Time 컴파일러가 있다. 이 컴파일러는 높은 추상력과 표현력, 낮은 '학습 곡선'을 제공하면서도 뛰어난 성능을 보장한다.

일반 프로그래밍 언어와 같이 줄리아는 컴퓨터의 모든 자원을 다루는 데 아무런 문제가 없으며 탁월한 성능으로 다른 언어에서 다루기 어려웠던 데이터를 간편하게 다룰 수 있다. 따라서 고성능 프로그램을 구현하거나 데이터를 효과적으로 다루고자 한다면 고려해봐야 할 언어다. 이 책은 줄리아를 처음 접하는 독자에게 적합하다. 책의 구성이 각 장마다 서로 연계되어 있어 전체적으로 여러 번 읽는 것을 권장한다. 파이썬, R, 매트랩을 사용해본 독자라면 관심 있는 모듈을 줄리아로 다시 구현해보면 그 우수성을 실감할 수 있다.

버전 0.4에는 코드에 대한 문서화 시스템, 유니코드 버전 8 지원, f(; symbol => val)과 같은 새로운 키워드 아규먼트 문법, 제네릭 함수 생성, Channels를 이용한 내부 태스크 통신과 같은 새로운 기능이 추가되었다. 이와 더불어, String, FloatingPoint 타입은 각각 AbstractString, AbstractFloat 타입으로 이름이 변경되었고, Nothing은 void로, None은 Union{}으로 대체되었다. 배열Array, 딕셔너리 Dictionary, 셋Set 생성, Dates 모듈 등은 버전 0.4에 맞춰 이 책에서 설명하고 있기 때문에 변경사항을 쉽게 익힐 수 있다. 이 책과 함께 버전 0.3으로 학습한 후, 0.4로 업그레이드하는 방법을 추천한다.

....
존경하는 아버지, 병상에 계신 어머니, 외국 생활에 적응 중인 은영, 책을 좋아하기 시작한 여덟 살 지아, 태권소녀 여섯 살 시연과 행복하게 살았으면 한다.
....

차례

들어가며

줄리아는 MIT 앨런 에델만[Alan Edelman]의 지도하에, 응용 컴퓨팅 그룹에서 개발된 프로그래밍 언어. 2009년부터 개발해 2012년 2월에 첫 버전을 공개했다. 이 책은 버전 0.3으로 저술되었고, 초기 단계이지만 기본적으로 안정적이다. 언어의 핵심은 버전 0.1 이후, 호환되지 않는 변화가 없었다. 이 언어는 명확하고 확고한 원칙 아래, 기술 분야, 고성능 계산 분야, 데이터 과학 분야 연구자에게 점차적으로 호평을 받고 있다.

이 책이 다루는 내용

0장, **줄리아를 사용해야 하는 근거**에서는 줄리아의 기본 원칙과 다른 언어와의 차이를 살펴본다.

1장, **줄리아 플랫폼 설치**에서는 줄리아 환경에 필요한 모든 구성 요소를 설치해본다. 줄리아 콘솔(REPL)의 작동법과 좀 더 편리한 개발 편집기에 대해 다룬다.

2장, **변수, 타입, 연산**에서는 코드를 작정하는 데 필요한 기본 타입과 이를 실행하는 연산자를 살펴본다.

3장, **함수**에서는 함수가 줄리아에서 기본 구현 블록인 이유와 효과적으로 사용하는 방법을 설명한다.

4장, **흐름 제어**에서는 줄리아의 뛰어난 흐름 요소와 오류 처리, 코드 실행을 구성하는 코루틴[coroutine]을 사용하는 방법을 살펴본다.

5장, **컬렉션 타입**에서는 개별 값을 그룹화하는 배열[array], 매트릭스[matrix], 튜플[tuple], 딕셔너리[dictionary], 셋[set] 같은 타입을 살펴본다.

6장, **타입, 메소드, 모듈**에서는, 타입 개념에 대해 좀 더 자세히 살펴보고 C 언어와 같은 성능을 얻기 위해 멀티플 디스패치를 사용하는 방법을 알아본다.

7장, 메타프로그래밍에서는 표현식expression, 리플렉션reflection 기능과 같은 줄리아의 내부를 다루며 매크로macro의 강력함을 설명한다.

8장, I/O, 네트워킹, 병렬 컴퓨팅에서는 데이터프레임DataFrame을 사용해 파일이나 데이터베이스의 데이터를 다루는 방법을 살펴본다. 네트워킹 기능과 병렬 컴퓨팅을 설정하는 방법도 설명한다.

9장, 외부 프로그램 실행에서는 운영체제 명령을 사용하는 방법, 다른 언어와 함께 사용하는 방법, 성능 개선 팁을 다룬다.

10장, 표준 라이브러리와 패키지에서는 표준 라이브러리를 살펴보고, 주요 데이터 시각화 패키지를 설명한다.

부록, 매크로와 패키지 목록에서는 편리한 매크로와 이 책에서 사용한 패키지 참고 목록을 제공한다.

준비물

이 책의 예제 코드를 실행하기 위해 줄리아 플랫폼이 필요하다. 줄리아 플랫폼은 http://julialang.org/downloads/에서 다운로드할 수 있다. 줄리아 스크립트를 쉽게 작성하기 위해서는 IJulia, Sublime Text, LightTable과 같은 개발 환경이 필요하다. 1장, '줄리아 플랫폼 설치'에서 줄리아 환경을 설정하는 자세한 방법을 다룬다.

이 책의 대상 독자

이 책은 데이터 과학자나 기술적, 과학적 계산 프로젝트를 수행하는 연구자에게 적합하며, 단순한 프로젝트 애플리케이션을 줄리아로 시작할 수 있도록 돕는다. 매트랩, R, 파이썬, 루비와 같은 고수준 동적high-level dynamic 언어에 대한 기본적인 지식이 있으면 이 책의 내용을 더 쉽게 이해할 수 있다.

이 책의 편집 규약

이 책에서는 다양한 정보를 제공하기 위해 몇 가지 텍스트 스타일을 사용한다. 여기서는 일부 예제와 그 의미를 설명한다.

본문 내의 코드는 다음과 같이 나타낸다. "n = mult(3, 4)로 호출하며, 12를 반환한다. return 값은 새 변수 n에 대입된다."

코드 블록은 다음과 같다.

```
using DataFrames
fname = "winequality.csv"
data = readtable(fname, separator = ';')
```

코드 블록에서 특정 부분을 강조하기 위해, 관련 줄이나 아이템을 굵은 글꼴로 나타낸다.

```
using DataFrames
fname = "winequality.csv"
data = readtable(fname, separator = ';')
```

명령어 라인 입력이나 출력은 다음과 같다.

```
julia main.jl
```

화면에 출력된 단어, 이를테면, 메뉴나 버튼은 다음과 같이 나타낸다. Navigate to Configuration ➤ System Administration ➤ ODBC Data Sources

 경고나 중요한 사항은 박스 안에 이와 같이 표시한다.

 팁이나 트릭은 박스 안에 이와 같이 표시한다.

독자 의견

독자 의견을 언제나 환영한다. 이 책에 대한 생각을 알려주길 바란다. 이 책의 좋은 점이든 싫은 점이든 가리지 않아도 된다. 독자에게 더욱 유익한 도서를 만들기 위해서는 무엇보다 독자 의견이 중요하다. 일반적인 의견이라면 이메일 제목에 도서명을 적어서 feedback@packtpub.com으로 보내면 된다. 자신의 전문 지식을 바탕으로 도서를 집필하거나 기여하는 데 관심이 있다면 http://www.packtpub.com/authors에 있는 저자 가이드를 읽어보길 바란다.

고객 지원

팩트출판사는 책을 구매한 독자들을 다양한 방식으로 최대한 지원한다.

이 책에 사용된 예제 코드 다운로드

독자는 http://www.packtpub.com에 있는 자신의 계정을 통해 구매한 모든 팩트 도서의 예제 코드 파일들을 다운로드할 수 있다. 이 도서를 그 밖의 곳에서 구매한 경우에는 http://www.packtpub.com/support에 방문해 사용자 등록을 하면 해당 파일을 이메일로 직접 받을 수 있다. 에이콘출판사의 도서정보 페이지인 http://www.acornpub.co.kr/book/julia에서도 예제 코드를 다운로드할 수 있다.

오탈자

내용을 정확하게 전달하려고 최선을 다했지만 실수가 있을 수 있다. 팩트출판사의 도서에서 문장이든 코드든 간에 문제를 발견해서 알려준다면 매우 감사하게 생각할 것이다. 그런 참여를 통해 그 밖의 독자에게 도움을 주고, 다음 버전의 도서를 더 완성도 높게 만들 수 있다. 오탈자를 발견한다면 http://www.packtpub.com/submit-errata를 방문해 책을 선택하고, 구체적인 내용을 입력해주길 바란다. 보내준 오류 내용이 확인되면 웹사이트에 그 내용이 올라가거나 해당 서적의 정오표 부분에 그 내용이 추가될 것이다. http://www.packtpub.com/support에서 해당 도서명을 선택하면 기존 정오표를 확인할 수 있다. 한국어판은 에이콘출판사 도서정보 페이지 http://www.acornpub.co.kr/book/julia에서 찾아볼 수 있다.

저작권 침해

인터넷의 여러 매체에서 저작권 침해가 심각하게 벌어진다. 팩트출판사에서는 저작권과 사용권 문제를 아주 심각하게 인식한다. 어떤 형태로든 팩트출판사 서적의 불법 복제물을 인터넷에서 발견한다면 적절한 조치를 취할 수 있도록 해당 주소나 사이트명을 알려주길 부탁한다.

의심되는 불법 복제물의 링크를 copyright@packpub.com으로 보내주길 바란다.

저자와 더 좋은 책을 위한 팩트출판사의 노력을 배려하는 마음에 깊이 감사한다.

질문

이 책과 관련해 질문이 있다면 questions@packtpub.com으로 문의하길 바란다. 최선을 다해 질문에 답하겠다. 한국어판에 관한 질문은 이 책의 옮긴이나 에이콘출판사 편집 팀(editor@acornpub.co.kr)으로 문의해주길 바란다.

0

줄리아를 사용해야 하는 근거

이번 장에서는 고성능 계산 분야를 비롯해 기술 과학자나 데이터 과학자 사이에서 줄리아의 인기가 점점 더 높아지는 이유를 살펴본다. 다음 주제를 다룬다.

- 줄리아 소개
- 다른 언어 사이에서 줄리아의 위치
- 데이터 과학자 관점에서 다른 언어와의 비교
- 유용한 링크

줄리아 소개

줄리아는 기술적 컴퓨팅 분야의 기존 소프트웨어에 대한 실망에서 태어났다고 줄리아 핵심 디자이너와 개발자(제프 베잔슨^{Jeff Bezanson}, 스테판 카핀스키^{Stefan Karpinski}, 비랄 샤^{Viral Shah})는 말한다. 기본적으로 다음 딜레마로 압축할 수 있다.

- 기술 컴퓨팅 분야에서 시제품화^{prototyping}가 문제다. 언어의 저수준 세부사항과 계산을 고려하는 대신, 개발자는 문제 자체만을 집중할 수 있는 고수준이며 사용하기 쉽고 유연한 언어가 필요하다.
- 문제의 실제 계산에서 최대 성능을 보장해야 한다. 계산 시간이 제품 성공을 좌우하기 때문에(하루와 열흘을 비교해보자.) C나 포트란으로 (다시) 작성하는 경우

가 종종 있다.

- 줄리아 이전, 연구자나 개발자는 고비용이지만 사용하기 편하고 고수준으로 문제를 구현할 수 있는 수십 년 된 매트랩, R, 파이썬과 같은 해석형^{interpreted} 언어를 사용했다. 속도와 편의를 맞바꿔야 했지만 만족했다. 실제 계산 속도를 높이거나 성능에 민감한 부분은 C, 포트란, 심지어 어셈블리와 같은 정적 컴파일 언어로 다시 구현해야만 했다. 두 형태의 언어를 모두 숙달하는 것은 쉽지 않다. 매트랩, R, 파이썬으로 시제품을 작성하고, 같은 기능을 실행하는 코드를 C로 작성한다.

이러한 간극을 줄이고자 줄리아를 고안했다. C만큼 효과적으로, CPU와 메모리 자원을 사용하는 고성능 코드를 작성할 수 있도록 한다. 하지만 저수준 언어 사용을 줄이고 순수 줄리아로 끝까지 작성할 수 있도록 한다. 이 방법으로, 시제품에서 간단한 프로그램 모델을 사용해 거의 C 성능에 가깝게 빠르게 구현할 수 있다. 줄리아 개발자들은 LLVM JIT^{Low Level Virtual Machine Just in Time} 컴파일(좀 더 많은 정보는 http://en.wikipedia.org/wiki/LLVM을 참고한다.) 최신 기술을 사용해 속도가 빠르고 표현력이 높은 환경을 만들었다.

요약하자면, 줄리아는 다음과 같은 명세를 갖도록 디자인되었다.

- 줄리아는 오픈소스며 자유(MIT) 라이선스로 무료다.
- 개발 시간을 줄이고, 우아하고^{elegant}, 명확하고^{clear}, 동적이며^{dynamic}, 대화형^{interactive} 언어로, 배우기 쉽고, 사용하기 쉽게 디자인되었다. 그 결과, 줄리아는 명확한 의사 코드^{pseudo code} 같아 보이거나 수학 기호처럼 보인다. 이를테면, 다음은 다항 함수를 정의한 코드다.

```
x -> 7x^3 + 30x^2 + 5x + 42
```

곱하기에 대해 특별히 명시할 필요가 없다.

- 줄리아 환경을 벗어날 필요 없이, 계산력과 속도를 지원한다.
- 추상력^{abstraction power}을 높인 메타프로그래밍과 매크로 기능(리스프에서 상속받은 동형성^{homoiconicity} 덕분이다(7장, '메타프로그래밍' 참고).)을 지원한다.
- 순수 계산 분야뿐만 아니라 일반 프로그래밍 목적에도 유용하다.

- 현재를 넘어 앞으로의 멀티 코어 환경에서 발전할 수 있는 동시적^{concurrent} 병렬 기능을 기본적으로 제공하며, 사용하기도 쉽다.

이 모두를 하나의 환경에 통합했다. 일부에 대해서는 대부분의 연구자와 언어 디자이너들은 지금까지 불가능하다고 생각했다.

▶ 줄리아 로고

다른 언어 사이에서 줄리아의 위치

줄리아는 이전에 구별된 기술을 통합한다. 다시 말해, 다음과 같다.

- 한편으로는 동적이며, 타입이 없는^{untype} 해석형 언어^{interpreted languages}(파이썬, 루비, 펄, 매트랩/Octave, R 등)
- 다른 한편으로는 정적 타입의 컴파일형 언어^{compiled languages}(C, C++, 포트란, Fortress)

줄리아는 첫 번째 범주 언어의 유연성과 두 번째 범주 언어의 속도를 어떻게 통합했을까?

줄리아는 정적 컴파일 단계가 없다. 기계 코드^{machine code}를 LLVM 기반 JIT 컴파일러가 적시에^{just-in-time} 생성한다. 줄리아는 이 컴파일러로 수치, 기술, 과학 계산에서 성능을 최대화한다. 그 핵심은 타입 정보에 있다. 타입을 추론하는 자동, 지능형 타입 추론 엔진^{type inference engine}은 변수에 있는 데이터로부터 타입 정보를 모은다. 줄리아는 코드에서 변수 타입을 선택적으로 선언하는 동적 타입 시스템^{dynamic type system}을 가지고 있기 때문에 반드시 타입을 명시할 필요는 없지만, 코드를 문서화하거나 최적화된 실행을 할 수 있도록 컴파일러에게 힌트를 줄 수 있다. 이 선택적 타입은 Dart와 유사하다. 다른 일반적인 동적 언어와 유사하게 타입 없는 코드도 유효하지만 정적 컴파일된 속도로 실행한다. 줄리아는 이러한 한계에 제네릭 프로그래밍$^{generic\ programming}$과 다형성 함수$^{polymorphic\ function}$를 적용한다. 일단 한 번 코드를 작성하면 다양한 타입이 적용된다. 이는 매우 다양한 타입에 대해 공통 함수를 제공한다. 예를 들어, size는 50개의 구체적인 메소드 구현을 가진 제네릭 함수다. 동적 멀티플 디스패치$^{dynamic\ multiple\ dispatch}$라고 부르는 이 시스템은 효과적으로 수십 개의 메소드 정의에서 함수의 아규먼트에 따라 최적 메소드를 고른다. 실제 타입에 따라, 매우 세부적이고 효과적인 함수의 나이브 코드를 선택하거나 생성한다. 그래서 타입 시스템은 기본 머신 연산과 가까운 함수를 찾는다.

 요약하자면, 데이터 흐름 기반 타입 추론은 멀티플 디스패치를 실행해 구체적인 실행 코드를 선택한다.

그러나 타입을 정적으로 확인하지 않는 점을 염두에 둬야 한다. 타입 오류로 인한 예외가 실행 시간에 발생될 수 있기 때문에, 전체적인 테스트가 꼭 필요하다. 프로그래밍 언어로서 줄리아의 범주는 절차형^{procedural}, 함수형^{functional}, 메타프로그래밍^{metaprogramming}, (완전하지 않지만) 객체지향$^{object\ oriented}$을 지원하는 다중 패러다임$^{multiple\ paradigms}$이다. 줄리아는 자바, 루비, C#과 같은 하나의 클래스 기반 언어는 결코 아니다. 타입 시스템은 매우 강력하며 일종의 상속을 제공한다. 수치와 다른 타입에 대한 변환은 우아하며 친근하고 빠르다. 사용자 정의 타입은 기본 타입만큼 빠르고 압축적이다. 함수형 프로그래밍을 말하자면, 줄리아는 함수만으로 프로그램을 작성하는데 매우 쉽고 부가 효과$^{side\ effect}$가 없다. 함수는 수학과 마찬가지로 일급$^{first-class}$ 객체다.

줄리아는 메시지 전달 모델$^{message\ passing\ model}$ 기반으로 멀티프로세싱 환경도 지원한다. 메시지 전달 모델은 분산 배열$^{distributed\ array}$을 사용해 멀티 프로세스 프로그램을 실행할 수 있으며, 병렬 프로그래밍을 위해 모델 기반으로 분산 프로그램을 사용할 수 있도록 한다.

줄리아는 파이썬처럼 일반 프로그래밍에 적합하다. 이 언어는 펄이나 다른 언어처럼 정규 표현식이나 현대적인 문자열 처리를 지원한다. 또한 쉘에서도 사용할 수 있으며, 다른 프로세스나 다른 언어의 실행을 동기화할 수 있는 접착^{glue} 언어다.

줄리아에는 줄리아 자체로 작성된 표준 라이브러리가 있으며, 패키지라는 다수의 외부 라이브러리도 있다. 이 패키지는 메타데이터^{metadata}라는 깃허브^{GitHub} 기반 줄리아 기본 패키지 관리자와 연동한다. x86/64(64비트)와 x86(32비트) 구조에 대해 GNU/Linux, Darwin/OS X, 윈도우, FreeBSD를 지원하는 크로스 플랫폼이다.

데이터 과학자 관점에서 다른 언어와의 비교

줄리아는 속도에 방점을 두었다. 다른 언어와의 성능 비교는 줄리아 웹사이트 (http://julialang.org/)에 게시되어 있다. 전통적인 동적 언어의 범위를 뛰어넘어, 줄리아는 경쟁 상대인 C, 포트란과 어깨를 나란히 한다. 성능을 높여 제품으로 출시하려고 C와 연동하는 경우가 있지만, 줄리아의 목표는 C에 뒤처지지 않는 뛰어난 성능을 내는 것이다. 이제 C나 포트란을 대신해 고수준 언어로 개발할 수 있는 새로운 기술 시대를 꿈꿀 수 있게 되었다. 줄리아 코드는 매트랩이나 R과 같은 스타일로 작성할 수 있다. 다른 언어들과 좀 더 자세히 비교해보자.

매트랩

매트랩 사용자에게 줄리아는 친근하다. 매트랩의 문법과 유사하지만 좀 더 일반 목적 언어를 추구한다. 줄리아 대부분의 함수 이름은 R보다 매트랩/Octave와 유사하다. 그러나 계산하는 방식은 판이하다. 매트랩의 강력한 기능인 선형 대수^{linear algebra}를 줄리아도 가지고 있지만 값비싼 라이선스 비용을 지불하지 않아도 되며, 연산자의 타입에 따라 10~1,000배 빠르다. Octave(매트랩의 오프소스 버전)와 비교해도 마찬가지다. MATLAB.jl(https://github.com/lindahua/MATLAB.jl) 패키지를 사용해 매트랩과 같은 인터페이스를 사용할 수 있다.

R

지금도 통계 분야에서 R을 주도적으로 사용한다. 줄리아는 통계 분야에서 R처럼 사용될 수 있지만, 성능을 10에서 1,000승만큼 향상할 수 있다. 매트랩에서 통계를 사용하는 것은 R에서 선형 대수를 사용하는 것과 같다. 하지만 줄리아는 두 분야에 모두 적합하다. 줄리아는 R의 벡터 기반 타입보다 좀 더 풍부한 타입을 가지고 있으며 더글라스 베이츠^{Douglas Bates}와 같은 일부 통계 전문가가 줄리아를 지원하고 있다. Rif.jl(https://github.com/lgautier/Rif.jl) 패키지를 사용해 R과 같은 인터페이스를 사용할 수 있다.

파이썬

줄리아는 파이썬과 비교해 10~30배 빠르다. 줄리아는 파이썬과 같이 읽기 쉬운 코드를 C와 같은 성능을 내는 기계 코드로 컴파일한다. 더욱이, PyCall(https://github.com/stevengj/PyCall.jl) 패키지를 사용해 줄리아에서 파이썬 함수를 호출할 수 있다.

데이터 과학자는 문제에 따라 수많은 기존 라이브러리가 있는 R이나 파이썬을 줄리아에서 함께 사용할 수 있다.

줄리아는 데이터 분석이나 빅데이터에도 적합하다. 이 분야는 선형 대수 알고리즘이나 그래프 분석 기술로 크기를 줄일 수 있는 모델화 문제, 예측 분석과 관련 있기 때문이다. 이 모든 것을 줄리아가 해결해준다.

고성능 컴퓨팅^{High Performance Computing}(HPC) 분야에서도 줄리아와 같은 언어가 절실했다. 도메인 전문가는 데스크톱 PC와 같이 현대적인 HPC 하드웨어를 쉽게 사용할 수 있어, 빠르고 쉽게 문제를 표현해 실험할 수 있다. 사용자가 컴퓨터 구성의 세부사항을 이해할 필요 없이 빠르게 시작할 수 있는 언어에 대해 데이터 과학자들은 환영한다.

유용한 링크

다음은 줄리아에 대한 유용한 링크다.

* 줄리아 웹사이트 http://julialang.org/
* 줄리아 문서 http://docs.julialang.org/en/latest
* 패키지 목록 http://pkg.julialang.org/index.html
* 메일링 리스트 구독 http://julialang.org/community/
* IRC 채널 http://webchat.freenode.net/?channels=julia

요약

이 장에서 줄리아의 특징을 살펴봤고 각 분야에서 사용되는 기존 언어와 비교해봤다. 줄리아의 주요 특징은 다른 입력 타입에 대해 구체적인 코드를 생성하는 점이다. 컴파일러의 이러한 입력 타입을 추론하는 능력은 저수준 코드로 인한 낮은 효율성을 높이는 한편, 추상적인 단계에서 코드를 작성할 수 있도록 한다. 줄리아는 꽤 안정적이며 제품을 만들 수 있는 수준이다. 학습 부담도 매우 낮다. 언어의 특성을 상관하지 않고 생산적으로 사용할 수 있으며, 새로운 특성에 대해 필요할 때 배우면 된다.

1
줄리아 플랫폼 설치

이번 장에서는 줄리아의 주요 구성 요소를 설치해본다. 이 장에서 다뤄지는 내용은 다음과 같다.

- 줄리아 설치
- 줄리아 셸로 작업
- 시작 설정과 줄리아 스크립트
- 패키지^{Package}
- 줄리아 스튜디오 설치해 작업
- IJulia 설치해 작업
- Sublime-IJulia 설치해 작업
- Juno 설치
- 다른 편집기와 IDE
- 줄리아 사용

이번 장을 끝내면 줄리아 플랫폼을 실행할 수 있을 뿐만 아니라, 선호하는 편집기와 줄리아 셸 환경에서 코드를 작성할 수 있다. 더 나아가, 좀 더 편하게 개발하는 데 필요한 기본 기능을 가진 통합 개발 환경에서도 코드를 작성할 수 있다.

줄리아 설치

http://julialang.org/downloads/에서 바이너리 줄리아 플랫폼을 다운로드한다. 32 비트와 64비트용 세 가지 주요 운영체제(윈도우, 리눅스, OS X)에 대한 패키지나 압축 형태로 지원한다. 줄리아로 진지한 전문적인 작업을 하려면, 현재 공식 안정판을 사용해야 한다(이 글을 쓰는 시점에서 안정판은 0.3이다.).[1] 최신 개발판을 사용해보고자 한다면, 다음 버전(현재는 0.4)을 설치한다. 위의 링크에 운영체제에 따른 설치법이 있다. 여기서는 전부를 자세하게 반복하지 않고, 중요 부분만 요약하겠다.

윈도우 버전: 윈도우XP SP2부터 지원함

윈도우를 사용한다면 다음 사항을 유념한다.

1. 압축을 푸는 프로그램 7zip이 필요하다. 먼저 http://www.7-zip.org/download.html 에서 프로그램을 다운로드하고 설치한다.

2. 임시 폴더에 julia-n.m.p-win64.exe를 다운로드한다(n.m.p는 버전 번호이며, 이를 테면 0.2.1이나 0.3.0이다. win32/win64는 각각 32/64비트 버전을 뜻한다. 차기 공개 버전은 julia-0.4.0-rc1-nnnnnnn-win64와 같다. nnnnnnn은 체크썸이며 0480f1b와 같은 형태다.).

3. 파일을 더블 클릭한다(또는 컴퓨터의 모든 사용자가 줄리아를 사용하려면 마우스 오른쪽 클릭을 하여 관리자로 실행한다.). 보안 다이얼로그에서 **OK**를 클릭하고 설치할 폴더를 선택해(예를 들어, C:\Julia) 압축을 푼다. 다음과 같은 디렉터리 구조이며, 약 400MB를 차지한다.

---

1 2015년 10월, 최신 안정판은 0.4다. 책의 예제 코드는 버전 0.3.X에서 구현되어 있어, 버전 0.4로 실행하면 일부 경고문이 나올 수 있다. 따라서 버전 0.3.X를 사용하길 권장하며 두 버전을 함께 설치해도 무방하다. 이전 버전은 http://julialang. org/downloads/oldreleases.html에서 찾을 수 있으며 https://www.juliabox.org/에서도 이전 버전으로 실행할 수 있다. 버전 0.4의 새 기능이나 변경사항은https://github.com/JuliaLang/julia/blob/master/NEWS.md#julia-v040-release-notes 에서 확인할 수 있다. – 옮긴이

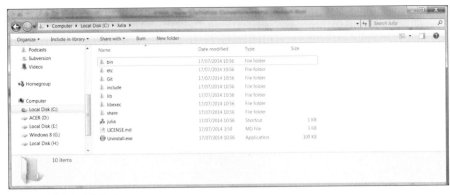

▶ 윈도우에서 줄리아 폴더

4. 메뉴 단축키가 생성된다. 클릭하면 아래 그림과 같이 줄리아 커맨드라인 버전이
   나 REPL^{Read Evaluate Print Loop}이 나온다.

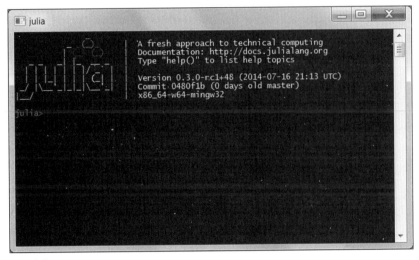

▶ 줄리아 REPL

5. 설치 디렉터리를 C:\Julia로 선택했다면, 실행 파일은 C:\Julia\bin\julia.exe에
   있다. C:\Julia\bin\을 PATH 변수에 넣으면 명령 프롬프트에서 REPL을 실행할
   수 있다. 윈도우에서 기본 설치 폴더는 C:\Users\UserName\AppData\Local\
   Julia-n.m.p(n.m.p는 버전 번호로, 0.3.2와 같다.)다.

6. 윈도우에서 줄리아 설치에 대한 좀 더 자세한 정보는 https://github.com/
JuliaLang/julia/blob/master/README.windows.md를 참고한다.

우분투 버전

우분투(12.04 이후)에서는 줄리아용 PPA^Personal Package Archive가 있어(https://launchpad.
net/~staticfloat/+archive/ubuntu/juliareleases를 참고한다.) 별 불편 없이 설치할 수 있
다. 안정된 버전을 설치하는 방법은 터미널에서 다음 명령을 실행한다.

```
sudo add-apt-repository ppa:staticfloat/juliareleases
sudo add-apt-repository ppa:staticfloat/julia-deps
sudo apt-get update
sudo apt-get install julia
```

가장 최신 개발 버전을 설치하고자 한다면, 안정된 공개 버전 대신 매일 밤마다 빌
드되는 버전nightly builds을 다운로드한다. 최신 개발 버전은 안정적이지 않지만 최신
기능이 들어있다. 최신 버전을 받기 위해, 이전 명령에서 가장 첫 번째 명령을 바꾸
어야 한다.

```
sudo add-apt-repository ppa:staticfloat/julianightlies
```

그리고 다음 명령으로 최신 버전으로 업데이트한다.

```
sudo apt-get update
sudo apt-get upgrade
```

줄리아 실행 파일은 /usr/bin/julia(JULIA_HOME 변수나 which julia 명령어로 찾을 수 있
다.)에 있고, 표준 라이브러리는 /usr/share/julia/base, shared 라이브러리는 /usr/
lib/x86_64-linux-gnu/Julia에 있다.

다른 리눅스 버전은 소스로 빌드하는 것이 가장 좋다(다음 절을 참조한다.).

OS X

OS X에서 설치는 꽤 간단하다(표준 소프트웨어 설치 도구를 사용한다.). 줄리아를 컴퓨터 어디서든 사용하기 위해 Applications/Julia-n.m.app/Contents/Resources/julia/bin/Julia를 추가한다.

줄리아 세션을 시작할 때 특정 코드를 실행하려면, 우분투에서는 /home/.juliarc.jl, OS X에서는 ~/.juliarc.jl, 윈도우에서는 C:\Users\username\.juliarc.jl에 코드를 넣는다. 이를테면 .juliarc.jl 파일에 다음 코드를 넣자.

```
println("Greetings! 你好! 안녕하세요?")
```

그러면 줄리아는 셸을 시작할 때 다음과 같이 출력한다.

▶ .juliarc.jl 사용하기

소스로 빌드

소스로 빌드하려면 다음 절차를 따른다.

1. 줄리아 개발에 기여하고자 하거나, 운영체제나 컴퓨터 구조에 적합한 바이너리 버전이 없다면 바이너리 대신에 소스를 다운로드한다. 우분투에서 소스로 빌드하는 것은 꽤 간단하다. 그럼 여기서 대략적인 과정을 살펴본다. 깃허브^{GitHub} https://github.com/JuliaLang/julia.git에서 줄리아 소스를 다운로드한다.

2. 이 버전을 컴파일하면 아직은 다소 불안정한 최신 버전을 얻을 수 있다(안정적인 버전을 원한다면 이전 절을 참고한다.).

3. 깃^{Git}이 설치되어 있는지 확인한다. 설치되어 있지 않다면 다음 명령어를 실행한다.

   ```
   sudo apt-get -f install git
   ```

4. 그러면 다음 명령어로 줄리아 소스를 복제^{clone}한다.

   ```
   git clone git://github.com/JuliaLang/julia.git
   ```

   이 명령어로 현재 폴더에서 julia 디렉터리에 줄리아 소스 코드를 다운로드한다.

5. 줄리아 빌드 과정에서 GNP 컴파일 도구인 g++, gfortran, m4가 필요하다. 다음 명령어로 이 도구들이 설치되어 있는지 확인한다.

   ```
   sudo apt-get install gfortran g++ m4
   ```

6. julia 폴더로 이동하고 다음 명령어로 컴파일한다.

   ```
   cd julia
   make
   ```

7. 빌드를 모두 마쳤다면 ./julia 명령어로 줄리아를 실행한다.

8. 최신 버전을 다운로드해 컴파일하고자 한다면, 줄리아 소스 디렉터리에서 다음과 같은 명령어를 실행한다.

   ```
   git pull
   make clean
   make
   ```

윈도우, OS X를 비롯한 다른 시스템에서 빌드하는 방법을 더 알고자 한다면, https://github.com/JuliaLang/julia/를 참고한다.

 줄리아를 n개 병행(concurrent) 프로세스로 사용하려면, make -j n으로 컴파일한다.

줄리아를 사용하는 방법은 두 가지가 있다. 하나는 이전 절에서 설명했듯이 대화형 줄리아 셸을 사용하는 방법이고, 다른 하나는 .jl 확장자인 텍스트 파일에 프로그램을 작성해 순차적으로 전체 프로그램을 실행하는 방법이다.

줄리아 셸로 작업

이전 절에서, 줄리아가 정상적으로 설치되었는지를 검증하기 위해 터미널에서 julia 명령으로 셸을 사용했다(두 이전 화면을 참고한다.). 셸이나 REPL은 줄리아 작업 환경이다. 이 환경에서 코드의 한 부분씩을 실험하면서 JIT 컴파일러와 대화식으로 작업할 수 있다. 의도대로 실행되면 이 코드를 program.jl과 같이 .jl 확장자 파일에 복사한다. 다른 방법으로, 이번 장 후반에 다룰 IDE나 편집기에서 이 코드를 작성할 수 있다. 줄리아 로고가 나오고, 입력할 수 있는 julia> 프롬프트가 뜬다. 이 세션을 끝내고 운영체제 명령 프롬프트로 이동하기 위해, **CTRL + D**나 quit() 를 입력한다. 다음 그림과 같이, 표현식[expression]을 실행하려면 표현식을 입력하고 **ENTER**를 누른다.

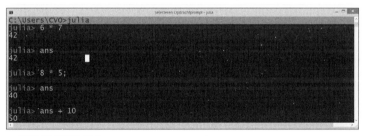

▶ REPL로 작업하기(1)

다양한 이유로, 결과를 확인할 필요가 없다면 6 * 7과 같은 표현식 마지막에 ;(세미콜론)을 붙인다. 표현식을 실행하면, 편의상 다른 표현식에서 사용할 수 있도록 ans 변수에 결과를 저장한다. a = 3과 같이 대입해 값을 변수에 연결할 수 있다. 줄리아는 동적이어서 a에 대한 타입을 명시할 필요가 없다. 변수에 값을 넣으면 줄리아는 타입을 추론한다. a 값과 묶여지지[bound] 않은 변수 b를 사용하면 ERROR: b not defined 메시지가 출력된다. 문자열^{string}은 b = "Julia"와 같이 큰따옴표("")로 기술한다. 다음은 REPL로 작업한 화면이다.

▶ REPL로 작업하기(2)

같은 세션에서 위, 아래 방향키로 이전 표현식을 검색할 수 있다. 다음은 편리한 단축키다.

- **CTRL + C**: 현재 명령 중지나 취소
- **CTRL + L**: 화면 지움(변수는 메모리에 그대로 유지됨)
- `workspace()`: 모든 변수를 삭제해 세션을 리셋

이전 세션에 사용한 명령어는 julia_history 파일에 저장되기 때문에 계속 검색할 수 있다(우분투는 /home/$USER, 윈도우는 c:\Users\사용자명, OS X는 ~/.julia_history에 있다.). **Ctrl + R**((reverse-i-search) ': 프롬프트가 나온다.)은 명령어를 검색할 수 있다.

?을 입력하면, 줄리아 문서에 빠르게 접근할 수 있도록 help 모드(help?>)를 시작한다. 함수 이름, 타입, 매크로 등에 대한 정보를 이름으로 입력해 검색할 수 있다. 다른 방법으로, 변수 a에 대해 정보를 얻고자 한다면 help(a)를 입력하며, sort와 같은 함수에 대한 정보를 얻고자 한다면 help(sort)를 입력한다. println과 같은 함수를 정의하거나 사용한 모든 위치를 찾고자 한다면, apropos("println")을 입력한다. 다음과 같이 출력한다.

```
Base.println(x)
Base.enumerate(iter)
Base.cartesianmap(f, dims)
```

println은 Base 모듈에 정의되어 있고, 다른 두 함수에서 사용하고 있다는 점을 알

수 있다. 한 줄에 다른 복잡한 표현식을 ;(세미콜론)으로 구분해 사용할 수 있다. 하지만 마지막 결과는 출력된다. 다음 화면처럼, 다수 행 표현식을 넣을 수도 있다. 셸이 명령문statement이 문법적으로 불완전함을 발견하면 실행하지 않는다. 다수 행 명령문이 실행 가능할 때까지, 사용자는 추가 행을 넣을 수 있다.

▶ REPL로 작업하기(3)

편리한 자동 완성 기능도 있다. 한 글자 이상 입력하고, Tab 키를 두 번 두르면 해당 글자로 시작하는 함수 목록이 나온다. 예를 들어, so를 입력하고 Tab 키를 두 번 누르면 sort sort! sortby sortby! sortcols sortperm sortrows와 같은 목록이 출력된다.

;으로 시작하면, 시스템 셸 명령어(예를 들어, ls, cd, mkdir, whoami 등)를 사용할 수 있다. Backspace 키를 누르면 다시 줄리아 프롬프트로 돌아온다.

include로 줄리아 스크립트를 REPL에서 실행할 수 있다. 예컨대, println("Hello, Julia World!")로 작성된 hello.jl은 다음 명령어를 실행한다.

```
julia> include("hello.jl")
```

출력은 다음과 같다.

```
Hello, Julia World!
```

이 환경에서 다른 표현식을 실험해도 좋다.

 좀 더 많은 정보를 http://docs.julialang.org/en/latest/manual/interacting-with-julia/#key-bindings에서 찾을 수 있다.

시작 옵션과 줄리아 스크립트

다른 옵션 없이, julia 명령어는 REPL 환경을 기동한다. 환경을 확인하는 옵션은 julia -v다. julia-version 0.3.2+2와 같이 줄리아 버전을 출력한다(REPL에서 versioninfo() 함수는 좀 더 자세한 정보를 출력하며, VERSION은 v"0.3.2+2"와 같이 단지 버전 번호만 알려준다.). 명령어 라인에서 표현식을 실행할 수 있는 옵션은 -e다. 예를 들어 보자.

```
julia -e 'a = 6 * 7;
println(a)'
```

앞선 명령어는 42를 출력한다(윈도우에서는 ' 문자 대신 "을 사용한다.).

유용한 다른 옵션은 9장, '외부 프로그램 실행'에서 살펴볼 병렬 처리다. 옵션 목록을 보고자 할 때, julia -h를 입력한다.

줄리아 소스 코드인 script.jl 파일을 다음과 같이 실행할 수 있다.

```
julia script.jl arg1 arg2 arg3
```

여기서, arg1, arg2, arg3는 스크립트에서 사용할 옵션 아규먼트다. 전역 상수 ARGS로 사용할 수 있다. 다음 args.jl을 살펴보자.

```
for arg in ARGS
    println(arg)
end
```

julia args.jl 1 Dart C는 1, Dart, C를 차례로 출력한다.

REPL에서 다른 스크립트 파일을 포함해 실행할 수도 있다. 이를테면, include("hello.jl")로 작성된 main.jl을 julia main.jl로 실행하면, 포함한 hello.jl도 실행한다.

패키지

대부분의 표준 라이브러리는 줄리아로 작성되었다(줄리아가 설치된 위치에서 /share/julia/base에 있다.). 줄리아 생태시스템^{ecosystem}은 깃 저장소에 있는 패키지^{Package}로 외부 기여자가 관리한다. 정보생물학^{bioinformatics}, 화학, 우주학^{cosmology}, 금융, 언어학, 기계 학습, 수학, 통계, 고성능 계산과 같은 다양한 분야에 기능을 제공한다. http://pkg.julialang.org/에 사용할 수 있는 패키지의 목록이 있다. 공식 줄리아 패키지는 줄리아 깃 저장소에 있는 METADATA.jl에 등록된다. https://github.com/JuliaLang/METADATA.jl에 있다.

기본 패키지 관리자 Pkg로 줄리아로 작성된 패키지를 추가 설치할 수 있다. 다운로드한 패키지는 줄리아가 사용할 수 있는 캐시^{cache}에 저장된다. Pkg.dir()은 c:\users\username\.julia\vn.m\.cache, /home/$USER/.julia/vn.m/.cache, ~/.julia/vn.m/cache를 저장한 캐시로 알려준다. 설치된 패키지를 확인하려면, 줄리아 REPL에서 Pkg.status()를 실행해 다음과 같이 패키지의 버전과 함께 목록을 볼 수 있다.

```
julia> Pkg.status()
4 required packages:
 - IJulia                0.1.12
 - Jewel                 0.6.2
 - Nettle                0.1.4
 - ZMQ                   0.1.12
11 additional packages:
 - BinDeps               0.2.14
 - HTTPClient            0.1.4
 - JSON                  0.3.7
 - Lazy                  0.4.1
 - LibCURL               0.1.3
 - LibExpat              0.0.4
 - REPLCompletions       0.0.1
 - URIParser             0.0.2
 - URLParse              0.0.0
 - WinRPM                0.0.14
 - Zlib                  0.1.7
```

▶ 패키지 목록

`Pkg.installed()` 명령은 같은 정보를 보여주지만 코드에서 사용할 수 있도록 딕셔너리를 반환한다. 버전과 의존성^{dependency} 관리를 Pkg가 자동으로 처리한다. 줄리아의 다른 버전과 호환되지 않는 패키지가 있을 수 있다. 각 버전에 맞는 패키지가 있다.

 Pkg.status()를 실행해 ErrorException("Unable to read directory METADATA.")와 같은 메시지가 반환되면 Pkg.init()로 패키지 저장 폴더를 만들고 깃에서 METADATA를 복제한다. 문제를 쉽게 해결하지 못하거나 캐시에 오류가 있다면 .julia 폴더를 삭제한 후 Pkg.init()를 입력하고 빈 캐시로 시작한다. 필요한 패키지를 다시 추가한다.

새로운 패키지 추가

새로운 패키지를 추가하기 전에 `Pkg.update()` 명령으로 이미 설치된 패키지에 대한 패키지 데이터베이스를 업데이트하는 것이 좋다. `Pkg.add("PackageName")` 명령을 실행해 새로운 패키지를 추가한다. RPEL이나 코드에서 `using PackageName`을 실행한다. 예를 들어, 2D 그래프를 추가하려면, `Pkg.add("Winston")`으로 Winston 패키지를 설치한다. 0과 1 사이에 100개의 무작위 수를 그래프로 그리려면, 다음 명령을 실행한다.

```
using Winston
plot(rand(100))
```

rand(100) 함수는 100개 무작위 수로 이루어진 배열을 반환하며, 다음 결과를 출력한다.

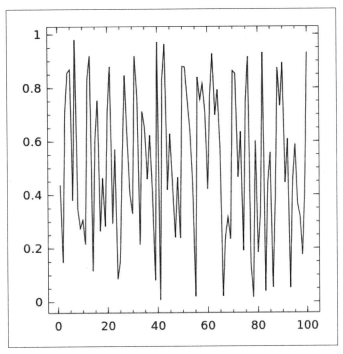

▶ Winston으로 무작위 수 그리기

새로운 줄리아 버전을 설치한 후, REPL에서 Pkg.update()를 실행해 설치된 패키지를 업데이트한다. 좀 더 자세한 정보는 http://docs.julialang.org/en/latest/manual/packages/를 참고한다.

줄리아 스튜디오 설치해 작업

줄리아 스튜디오는 리눅스, 윈도우, OS X에서 줄리아와 함께 실행하는 무료 데스크톱 앱이다(http://forio.com/labs/julia-studio/). 윈도우에서는 0.3 버전과 잘 작동한다(이 책을 쓰는 시점에서, 리눅스와 OS X에서는 0.2.1 버전과 잘 작동하며, 줄리아 0.3 버전과 작동하는 줄리아 스튜디오를 사용하고자 한다면, 스튜디오 소스 코드를 컴파일해야 한다.). 스튜디오에는 세련된 편집기와 통합된 REPL, 버전 관리 깃, 명령 이력, 파일시스템, 패키지, 편집한 문서를 접근할 수 있는 매우 편리한 사이드 패널이 있다. 시뮬레이션, 데이터, 대화형 학습, 예측 분석의 전문 회사인 Forio에서 개발했다. 다음 화면에서 줄리아 스튜디오의 일부 기능인 콘솔 부분과 오른쪽 위쪽 모서리에 있는 녹색 Run 버튼을 볼 수 있다. 간단한 프로그램 fizzbuzz.jl은 100까지 정수에 대해 3으로 나누어지면 "Fizz", 5로 나누어지면 "Buzz", 15로 나누어지면 "Fizzbuzz"를 출력한다.

▶ 줄리아 스튜디오

\#는 주석^{comment}, for 반복문, if elseif 조건문, end로 끝남을 나타낸다. 1:100 범위^{range}는 범위이고, mod는 나머지 연산자이며, mod(i, n) 함수는 i % n 연산자로 쓸 수 있다. 들여쓰기^{indentation}는 4개 띄어쓰기^{space}가 규약^{conversion}이다. 최신 Forio도 서버 사이드 모델을 호스팅하기 위해 계산 중심적인 플랫폼을 개발했고 이 모델을

대화형 웹 인터페이스로 구현했다.

IJulia 설치해 작업

IJulia(https://github.com/JuliaLang/IJulia.jl)는 백엔드에는 줄리아 언어가, 프론트엔드에는 대화형 IPython 웹(http://ipython.org/)이 혼합된 환경이다. IJulia는 안정된 REPL, qtconsole, IPython의 강력한 notebook(한 문서 안에 코드, 형식화된 텍스트, 수학식, 멀티미디어를 통합한다.)을 사용할 수 있도록 한다. 구체적인 설치 방법은 깃허브 IJulia(https://github.com/JuliaLang/IJulia.jl)와 MIT 노트(https://github.com/stevengj/julia-mit/blob/master/README.md)에서 확인할 수 있다. 여기서는 각 단계를 요약했다.

1. `easy_install`이나 `pip`으로 IPython 버전 1.0 이상을 설치한다(OS X와 윈도우, Anaconda Python 설치에 포함되어 있다.). 리눅스에서는 `apt-get install ipython`을 사용한다(더 많은 정보는 IPython 홈페이지를 참고한다.).
2. qtconsole을 위해 PyQt4나 PySide를 설치한다.
3. REPL에서 `Pkg.add("IJulia")`로 IJulia 패키지를 설치한다.
4. `Pkg.add("PyPlot")`으로 PyPlot 패키지를 설치한다.

다음 둘 중 하나로 IJulia를 실행한다.

- 콘솔에서 다음 명령어를 입력하고, 웹브라우저에서 IPython notebook을 시작한다.

  ```
  ipython notebook --profile julia
  ```

- 다음 명령어로 qtconsole을 시작한다.

  ```
  ipython qtconsole --profile Julia
  ```

▶ 우분투에서 IJulia 대시보드

IJulia가 정상적으로 작동하는지 확인한다. 실행하면, 브라우저 왼편 위쪽에서 IJ와 줄리아 로고를 볼 수 있다. 입력 셀input cell에 줄리아 코드를 넣고 Shift+Enter로 실행한다. 다음은 간단한 예제다.

첫 번째 셀에, a의 값을 넣고 b를 계산한다.

```
a = 5
b = 2a^2 + 30a + 9
```

두 번째 셀에서, PyPlot을 사용한다(matplotlib가 설치되어 있어야 한다. 이를테면, 리눅스에서 sudo apt-get install python-matplotlib을 입력한다.).

linspace(0, 5)는 0에서 5까지 100개 값을 가진 배열을 반환한다. y는 x에 대한 함수이며, 다음과 같이 그래프를 나타낸다.

```
using PyPlot
x = linspace(0, 5)
y = cos(2x + 5)
plot(x, y, linewidth=2.0, linestyle="--")
title("a nice cosinus")
xlabel("x axis")
ylabel("y axis")
```

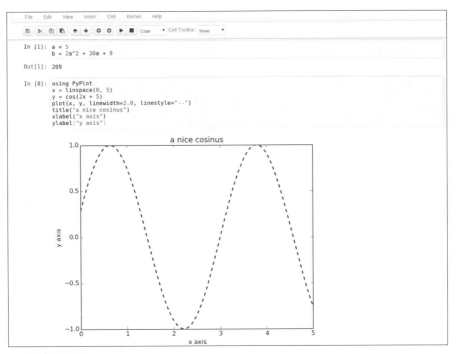

▶ 줄리아 세션 예제

메뉴에서 notebook을 다운로드해 파일 형태로 notebook을 저장한다(.ipynb 확장자다.). IPython notebook을 처음 접하면, http://ipython.org/notebook.html로 시작하길 바란다. 새로운 줄리아 버전을 설치한 후, 새 IJulia 패키지를 재설치하기 위해 REPL에서 `Pkg.build("IJulia")`를 항상 실행한다.

Sublime-IJulia 설치해 작업

대중적인 Sublime 텍스트 편집기(http://www.sublimetext.com/3)도 야콥 퀸^{Jacob Quinn}이 개발한 IJulia 기반(https://github.com/quinnj/Sublime-IJulia) 플러그인이 있다. 이 플러그인은 문법 강조, 자동 완성, 편집기 내의 REPL을 제공한다. CTRL + B 단축키로 코드 파일을 선택하고 REPL에서 실행할 수도 있다. Sublime-IJulia는 프론트엔드를 IJulia 백엔드 커널과 연동해, Sublime에서 IJulia 프론트엔드를 시작할 수 있고 커널과 상호작용한다. 여기서는 간단하게 설치법을 살펴보겠다. 좀 더 자세한 정보는 해당 URL을 참조한다.

1. 줄리아 REPL 내에서, ZMQ와 IJulia 패키지를 설치한다.
2. Sublime 편집기에서 Package Control 패키지를 설치한다(https://sublime.wbond.net/installation).
3. Sublime 편집기에 있는 Sublime 명령어 팔레트^{palette}에서 IJulia를 설치한다.
4. **Ctrl + Shift + P**는 새로운 IJulia 콘솔을 연다. 명령어를 입력하고 **Shift + Enter**로 실행한다. **Tab** 키는 자동 완성을 지원한다.

Juno 설치

또 다른 훌륭한 줄리아 IDE는 마이키 이네스^{Mike Innes}와 케노 핀셔^{Keno Finser}가 개발 중인 Juno다. Juno는 LightTable 환경을 기반으로 한다. http://junolab.org/docs/installing.html에서 자세한 설치법과 설정 정보를 제공한다. 다음은 설치법 요약이다.

1. http://lighttable.com에서 LightTable을 다운로드한다.
2. LightTable을 시작하고, 플러그인 관리자로 Juno 플러그인을 설치한 후 LightTable을 다시 실행한다.

LightTable은 **Ctrl + SPACE**를 입력해 열 수 있는 명령어 팔레트와 연동한다. 명령어를 입력하고 선택한다. Juno는 통합된 콘솔을 제공하고, 행의 마지막에서 **Ctrl + Enter**를 입력해 코드 편집기에서 표현식을 실행할 수 있다. 완성된 스크립트는 **Ctrl + Shift + Enter**를 입력해 실행한다.

다른 편집기와 IDE

터미널 애용자는 다음과 같은 편집기를 사용할 수 있다.

- Vim과 Julia-vim은 매우 잘 어울린다(https://github.com/JuliaLang/julia-vim).
- Emacs와 julia-mode.el(https://github.com/JuliaLang/julia/tree/master/contrib)

리눅스에서, gedit 편집기도 매우 훌륭하다. 줄리아 플러그인과 매우 잘 연동하며 자동 완성 기능도 지원한다. Notepad++도 https://github.com/JuliaLang/julia/tree/master/contrib에서 줄리아를 지원한다.

SageMath 프로젝트(https://cloud.sagemath.com/)는 터미널 내 클라우드에서 줄리아를 실행해 IPython notebook을 사용할 수 있도록 한다. JuliaBox 플랫폼(https://juliabox.org/)을 사용해 클라우드에서 줄리아를 사용하며 교육할 수 있다.

줄리아 작동 방법

(줄리아를 처음 접하는 독자는 이번 절을 넘어가도 좋다.)

줄리아는 기계 코드machine code를 적시에 생성하는 LLVM JIT 컴파일러 프레임워크와 연동한다. 줄리아 함수를 처음 실행하면, 파싱하고 타입을 추론한다. 그러면 JIT 컴파일러가 LLVM 코드를 생성하고 이를 최적화해 나이브 코드로 컴파일한다. 두 번째로, 함수를 실행하면 생성된 나이브 코드를 호출한다. 두 번째 실행 시 특정 타입의 아규먼트로 함수를 호출하기 때문에, 첫 번째보다 실행 시간이 적게 걸린다(줄리아 코드의 성능 비교를 할 때, 반드시 염두에 둬야 한다.). 이 생성된 코드의 내부를 볼 수 있다. 예를 들어, f(x) = 2x + 5 함수를 REPL에서 정의했다고 가정하자. 줄리아는 f (generic function with 1 method) 메시지를 반환한다. f나 x의 타입을 명시하지 않았기 때문에 코드는 동적이다. 함수는 입력하는 다른 변수의 타입으로 작동하기 때문에 기본적으로 제네릭하다generic. code_llvm 함수는 JIT 바이트 코드를 보는데 사용한다. 이를테면, x 값이 Int64인 버전은 다음과 같다.

```
julia> code_llvm(f, (Int64,))
define i64 @"julia_f;1065"(i64) {
top:
  %1 = shl i64 %0, 1, !dbg !3248
  %2 = add i64 %1, 5, !dbg !3248
  ret i64 %2, !dbg !3248
}
```

code_native 함수는 같은 타입 x에 대해 생성한 어셈블리 코드를 보여준다.

```
julia> code_native(f, (Int64,))
        .text
Filename: none
Source line: 1
        push    RBP
        mov     RBP, RSP
Source line: 1
        lea     RAX, QWORD PTR [RCX + RCX + 5]
        pop     RBP
ret
```

타입이 Float64일 때, 생성된 코드를 비교해보자.

```
julia> code_native(f, (Float64,))
        .text
Filename: none
Source line: 1
        push    RBP
        mov     RBP, RSP
Source line: 1
        vaddsd  XMM0, XMM0, XMM0
        movabs  RAX, 48532256
        vaddsd  XMM0, XMM0, QWORD PTR [RAX]
        pop     RBP
ret
```

각 데이터 타입에 대해 구체화된 함수 버전을 생성하기 때문에 줄리아 코드는 빠르

50

다. 줄리아는 자동적으로 메모리를 관리한다. 사용자는 특정 객체에 대한 메모리 할당과 관리에 대해 잊어버려도 좋다. 더 이상 필요하지 않은 객체의 자동 삭제(그리고 이러한 객체와 관련한 메모리 재할당)는 가비지 콜렉터GC, garbage collector를 사용해 처리한다. 가비지 콜렉터는 프로그램처럼 같은 시간에 실행한다. 특정 객체를 정확히 언제 가비지로 처리하는가를 예측하기는 어렵다. 0.3 버전에서 GC는 단순한 표시해두고 청소하기mark-and-sweep 가비지 콜렉터다. 0.4 버전에서는 발전한 표시해두고 청소하기incremental mark-and-sweep GC로 변경될 예정이다. gc()를 호출해 가비지 컬렉션을 시작할 수 있는 한편, gc_disable()을 호출해 가비지 컬렉션을 하지 못하게 할 수도 있다.

표준 라이브러리는 줄리아로 작성되었다. I/O 함수는 효율성과 플랫폼 독립적 I/O를 위해 libuv 라이브러리를 사용한다. 표준 라이브러리는 줄리아를 시작할 때 자동으로 임포트되는 Base 패키지에 들어있다.

요약

지금까지 선호하는 작업 환경에 줄리아를 설치했다. 그리고 아주 조금 REPL로 작업했다. 다음 장에서는 줄리아의 기본 타입을 REPL에서 실험해본다.

2

변수, 타입, 연산

줄리아는 선택적 타입 언어다. 사용자가 함수에 전달하는 아규먼트 타입이나 함수 내부에서 사용하는 변수 타입을 선택적으로 명시할 수 있다. 줄리아 타입 시스템은 성능을 향상하는 데 핵심이기 때문에 꼭 이해해야 한다. 변수에 타입을 명시하는 타입 애노테이션^{annotation}을 사용하면 문서화나 도구에 도움이 될 뿐만 아니라 실행 속도도 빨라진다. 이번 장에서는 줄리아의 기본^{built-in} 타입을 먼저 소개하고, 타입의 주요 개념, 유효범위, 타입과 함께 수행하는 연산자 등을 살펴본다.

이번 장에서는 다음 주제를 다룬다.

* 변수^{Variable}, 이름 짓는 규약^{Conventions}, 주석^{Comment}
* 타입^{Type}
* 정수^{Integer}
* 부동소수점 수^{Floating point number}
* 기본 수학 함수와 연산자
* 실수^{Rational}와 허수^{Complex number}
* 문자^{Character}
* 문자열^{String}
* 정규 표현식^{Regular expression}

- 범위^{Range}와 배열^{Array}
- 날짜^{Date}와 시간^{Time}
- 유효범위^{Scope}와 상수^{Constant}

이번 장의 예제 코드를 실행하거나 REPL에서 직접 입력하며 진행하길 바란다.

변수, 이름 짓는 규약, 주석

데이터에는 1, 3.14, "Julia"와 같은 값^{value}이 저장되며 모든 값에는 타입이 있다. 이를테면, 3.14는 Float64 타입이며, 42는 Int64, true와 false는 Bool, 'X'는 Char 타입이다.

현대적인 다른 프로그래밍 언어와 달리, 줄리아는 문자 하나^{character}와 문자열^{String}을 구별한다. 문자열은 다수의 문자로 구성하며 큰따옴표$^{double\ quote}$(")로 명시한다. 반면, 문자는 작은따옴표$^{single\ quote}$(')로 명시한다. 변수^{Variable}는 값을 대입^{assignment}해 묶여진^{bound} 이름이다. 이를테면 x = 42와 같다. 변수는 값에 대한(값이 참조하는) 타입을 갖는다. 타입은 typeof 함수로 알 수 있다. 예컨대, typeof(x)는 Int64를 반환한다.

변수의 타입을 변경할 수도 있다. x = "I am Julia"와 같이 x에 새로운 값을 넣으면, typeof(x)는 ASCIIString을 반환한다. 줄리아에서는, C나 자바와 같이 변수를 선언(타입에 대한 명시)할 필요는 없지만, 줄리아가 타입을 추론할 수 있도록 변수를 반드시 초기화해야 한다(값을 묶어야 한다.).

```
julia> y = 7
7
typeof(y)  # Int64
julia> y + z
ERROR: z not defined
```

앞 예제에서, z는 사용하기 전에 값이 대입되지 않아 오류가 발생되었다. (앞 예제처럼) 변수가 연산자나 + 연산자 같은 함수와 결합하면, 이를 표현식^{expression}이라 한다.

표현식은 계산한 후 새로운 변수를 반환한다. 많은 다른 언어와 달리, 줄리아에서 모든 것은 표현식이기 때문에 값을 반환한다. 그렇기 때문에 REPL에서 작업은 매우 편리하다. 각 단계마다 값을 볼 수 있다.

변수의 타입이 변수로 할 수 있는 작업뿐만 아니라 연산자와 결합할 수 있는지를 결정한다. 그런 면에서, 줄리아는 강한 타입strongly-typed 언어다. 다음 예제에서, String인 x와 Int64인 y를 더할 수 없다. 하지만 x를 소수점 수로 변경하면 다음과 같이 합을 구할 수 있다.

```julia
julia> x + y
ERROR: `+` has no method matching + (::ASCIIString, ::Int64)
julia> x = 3.5; x + y
10.5
```

표현식을 세미콜론(;)으로 끝내면, 그 결과를 출력하지 않는다. 변수명은 대소문자를 구분하며, 규약Conventions상 소문자를 '_'로 연결해 이름을 짓는다. 변수명은 문자로 시작해야 하며 문자, 숫자, '_', '!'를 사용한다. 유니코드도 사용할 수 있다. 짧고, 명확하게 짓도록 한다. 다음은 유효한 변수명이다. mass, moon_velocity, current_time, pos3, ω1. 그러나 마지막 2개 변수명은 설명적이지 않기 때문에 particle_position와 particle_ang_velocity로 변경하는 것이 좋다.

다음 예제와 같이 주석Comment은 #으로 시작한다.

```julia
# 중력 가속도 grav_acc 계산:
gc = 6.67e-11 # 중력 상수 m3/kg s2
mass_earth = 5.98e24 # kg으로
radius_earth = 6378100 # 미터로
grav_acc = gc * mass_earth / radius_earth^2 # 9.8049 m/s2
```

다행 주석으로 좀 더 자세한 내용을 설명할 수 있으며, 코드를 주석으로도 만들 수 있다. 텍스트를 #=과 =#으로 감싸면 주석으로 다룬다. 값을 출력하려면 다음과 같이 print나 println 함수를 사용한다.

```
julia> print(x)
3.5
```

색상 있게 출력하려면 첫 번째 아규먼트에 색상을 명시하는 print_with_color(:red, "I love Julia!")를 사용한다.

객체^{object}(또는 인스턴스^{instance}) 용어는 복잡한 타입의 변수를 다룰 때 자주 사용된다. 하지만 객체 행위^{action}에 대해 사용할 때, 줄리아는 함수형^{functional} 의미 구조^{semantics}를 사용한다. 자바나 C#과 같이 객체지향 언어처럼 object.action()을 사용하지 않고 action(object)로 작성한다.

REPL에서, 명령문[1]을 실행할 때마다 마지막 표현식의 값을 자동으로 출력한다(마지막에 ;을 넣으면 출력하지 않는다.). 독립 스크립트에서 명시하지 않은 것은 출력하지 않는다. 출력하려면 print나 println 명령문을 사용해야 한다. REPL에서 객체를 출력하려면 display(object)를 사용한다.

타입

줄리아의 타입^{Type} 시스템은 독특하다. 줄리아는 파이썬과 마찬가지로 동적 타입 언어처럼 행동한다. 정수로 묶인^{bound} 변수를 나중에 문자열로 묶을 수 있다. 예를 들면 다음과 같다.

```
julia> x = 10
10
julia> x = "hello"
"hello"
```

하지만 필요하면 변수에 타입 정보를 붙일 수 있다. 이러한 변수는 지정 타입에 맞는 값만 받아들인다. 이를 타입 애노테이션^{annotation}이라 한다. 예컨대, x::ASCIIString으로 선언하면 x는 문자열로만 묶일 수 있다. 일반적으로 var::TypeName과 같은 형

태다. 함수의 입력 아규먼트에도 사용한다. 추가 타입 정보는 코드 문서화에 유용하며 JIT 컴파일러가 최적화된 나이브 코드를 생성하는 데도 유용하다. 좀 더 발전적인 개발 환경을 만들고 잘못된 타입 사용에 대해 코드 체크를 하는 린터[2]와 같은 도구도 유용하다.

함수 calc_position(time::Float64)는 Float64 타입인 time 아규먼트를 입력받는다.

줄리아는 변수나 표현식이 특정 타입을 갖는지 확인하는 데 사용하는 타입 확인assertion에 대해 같은 문법을 사용한다. (expr)::TypeName은 expr이 반환하는 타입과 명시한 타입이 같지 않으면 오류를 발생시킨다. 이를테면 다음을 보자.

```
julia> (2+3)::ASCIIString
ERROR: type: typeassert: expected ASCIIString, got Int64
```

대부분의 언어와 다르게, 변수명 다음에 타입을 명시한다. 일반적으로, 줄리아에서 변수의 타입은 변할 수 있지만 성능에 중요한 영향을 미친다. 최상의 성능을 내기 위해, '타입 안정한type-stable' 코드를 작성해야 한다. 코드가 '타입 안정하다'라는 것은 모든 변수의 타입이 코드 전체에서 변경되지 않는다는 의미다. 변수의 타입 관점에서 주의 깊게 생각하면, 성능 저하를 피할 수 있다. 코드 중요 부분의 반복문 내에 있는 갱신되는 변수에 대해 타입 애노테이션은 JIT가 타입 체크하는 별도의 일을 줄여, 성능을 대폭 향상시킨다. 이에 대한 훌륭한 예제로 http://www.johnmyleswhite.com/notebook/2013/12/06/writing-type-stable-code-in-julia/의 문서를 읽어보자.

사실, 줄리아에는 많은 타입이 있으며 전체 타입 구조는 이미 정해져 있다. 함수 아규먼트로 타입을 결정할 수 없을 때, 모든 타입의 최상위인 any가 효율적이다. 모든 객체는 보편적인universal 타입 any를 상속받는다. 그 정반대 타입으로, 값이 없다는 None 타입이 있다. 이 타입을 가지는 객체는 없지만, 다른 모든 타입의 하위타입이다. 코드를 실행할 때, 줄리아는 함수 내에 전달받은 파라미터의 타입을 추론하고

---

2 9장, '외부 프로그램 실행'에서 다룬다. - 옮긴이

이 정보로 최적화 기계 코드를 생성한다.

자신만의 타입을 정의할 수도 있다. 이를테면, `Person` 타입이다. 규약상, 타입명은 `BigFloat`나 `AbstractArray`와 같이 대문자로 시작하는 카멜케이스^{CamelCase}를 사용한다.

x가 변수일 때, `typeof(x)`는 그 타입을 반환하며, `isa(x, T)`는 x가 타입 T인지를 체크한다. 예를 들어, `isa("ABC", String)`은 `true`를 반환하며, `isa(1, Bool)`은 `false`를 반환한다.

줄리아에서 모든 것은 타입을 가지며, 타입 자체도 `DataType`이라는 타입을 가진다. `typeof(Int64)`는 `DataType`을 반환한다. 변수 var에 대한 타입 변환은 함수인 타입 이름(소문자)으로 사용할 수 있다. 이를테면, `int64(3.14)`는 3을 반환한다.

그러나 다음과 같은 타입 변환은 불가능하며 오류를 발생시킨다.

```julia
julia> int64("hello")
ERROR: invalid base 10 digit 'h' in "hello"
```

정수

줄리아는 정수^{Integer}형 숫자를 지원한다. 범위는 사용하는 비트 수인 8에서 128인 `Int8`에서 `Int128`이다.[3] 부호 없는^{unsigned} 값은 접두사 U를 붙여 `UInt8`과 같이 표기한다. 기본 타입(`Int`로 사용할 수도 있다.)은 사용하는 컴퓨터 구조에 따라 `Int32`나 `Int64`다. 비트의 길이는 변수 `WORD_SIZE`다. 비트의 수는 정수형이 될 수 있는 최대, 최소 값이다. 최소 값과 최대 값은 각각 `typemin()`과 `typemax()`로 알 수 있다. 이를테면 `typemax(Int64)`는 32767이다.

`typemax`가 반환하는 값보다 큰 값을 저장하면 오버플로우^{overflow}가 일어난다. 예를 들면 다음과 같다.

---

3 정확히, Int8, Int16, Int32, Int64, Int128이다. – 옮긴이

```
julia> typemax(Int)
9223372036854775807  # 32비트 플랫폼은 값이 다르다.
julia> ans + 1
-9223372036854775808
```

오버플로우가 일어난 것에 대해 자동으로 체크하지 않기 때문에, 명시적으로 체크해야 한다(예컨대, 결과가 반대 부호인 경우 등). 정수는 2진(0b), 8진(0o), 16진(0x)으로 변환할 수 있다.

아주 큰[arbitrary-precision] 정수가 계산에 필요하다면, BigInt 타입을 사용한다. 이 값은 BigInt("숫자")로 만들며, 일반 정수처럼 다룬다. 숫자 타입 간의 변환은 자동이지만 기본 타입과 Big- 타입이 그렇지 않다. 정수에 대한 사칙연산을 적용할 수 있다. 나누기는 항상 부동소수점 수를 반환한다. 정수 나누기와 나머지를 구하려면, div, rem을 사용한다. 기호 ^로 숫자의 멱을 구할 수 있다. 논리값 Bool 타입인 true, false도 8비트의 정수다. 0은 false이고 1(0보다 큰 모든 값)은 true다. 예를 들어, bool(-56)은 true다. 부정[negation]은 ! 연산자로 할 수 있다. !true는 false다. ==, !=, <, >로 하는 숫자의 비교는 Bool 값을 반환하며, 연속으로 비교도 할 수 있다(0 < x < 3).

부동소수점 수

부동소수점 수[Floating point number]는 IEEE 754 표준을 따르며, 3.14와 같은 소수점 수나 4e-14와 같은 지수 표기법으로 나타낸다. Float16에서 Float64까지 타입이 있으며 Float64는 배정밀도[double precision]로 사용하고, Float32 타입은 단정밀도[single precision]로 사용한다.

단정밀도는 3.14f0과 같이 f를 붙인 과학 표기법으로 사용하지만 보통은 e를 사용한다. 즉, 2.5f2는 2.5 * 10^2를 단정밀도로 나타내는 반면, 2.5e2는 2.5 * 10^2를 배정밀도로 나타낸다. 아주 큰 부동소수점을 위한 BigFloat 타입도 있다.

기본 타입 프로모션 시스템promotion system[4]은 별다른 명시적 변환 없이, 서로 잘 연동할 수 있도록 모든 숫자 타입을 다룬다. 무한을 뜻하는 특별한 값 Inf, -Inf와 0/0, Inf - Inf와 같은 '숫자가 아닌not a number'을 뜻하는 값 NaN이 있다.

모든 프로그래밍 언어에서 부동소수점 계산은 미묘한 버그나 뜻하지 않은 행위를 일으킨다. 다음은 대표적인 예다.

```julia
julia> 0.1 + 0.2
0.30000000000000000004
```

내부적으로 부동소수점을 저장하는 방법에 기인하는 것이다. 대부분 숫자는 비트의 유한수로 내부적으로 저장할 수 없다. 예컨대, 1/3은 10진수로 유한하게 나타낼 수 없다. 컴퓨터는 표현할 수 있는 가장 근접한 수를 선택한다. 이를 반올림 오류round off error라 한다. 이러한 오류는 미묘한 문제를 만드는 긴 계산에서 가속화될 수 있다.

아마도 이 논의의 가장 중요한 결과는 부동소수점 수를 비교할 때, 등호 사용을 피하라는 점이다.

```julia
julia> 0.1 + 0.2 == 0.3
false
```

좀 더 나은 해결책은 가능한 >=나 <=로 비교하는 방법이다.

기본 수학 함수와 연산자

bits 함수로 어떤 수(정수나 부동소수점 수)든 나타낼 수 있다. 예컨대, bits(3)은 "0000000000000000000000000000000000000000000000000000000000000011"을 반환한다.

숫자를 반올림하려면, round()나 iround() 함수를 사용한다. round() 함수는 부동소수점 수, iround() 함수는 정수를 반환한다. sqrt(), cbrt(), exp(), log(), sin(),

---

4 6장 '타입, 메소드, 모듈'의 '타입 변환과 프로모션' 절에서 자세히 다룬다. - 옮긴이

cos(), tan(), erf()(오차 함수) 등 모든 표준 수학 함수가 있으며, 무작위 수를 생성하려면 rand()를 사용한다.

실행을 먼저 하려면 표현식을 괄호에 넣는다. a = b = c = d = 1과 같이 연속^chained 대입도 가능하며, 대입은 오른쪽에서 왼쪽으로 실행한다. 다음과 같이 다른 변수에 대한 대입을 같이 할 수도 있다.

```
a = 1; b = 2; c = 3; d = 4
a, b = c, d
```

a는 3이고 b는 4다. 아주 간단하게 서로 교체^swap할 수 있다.

```
a, b = b, a  # 지금은 a는 4이고, b는 3이다.
```

다른 언어와 마찬가지로, and(&&), or(||), not(!)에 대해 true와 false를 반환하는 불린 연산을 할 수 있다. 줄리아는 간략 평가^short-circuit evaluation를 사용할 수 있다.

- a && b, a가 참이면, b는 실행한다[5](&&는 이미 거짓이다.).
- a || b, a가 참이면, b는 실행하지 않는다(||는 이미 참이다.).

연산자 &와 |를 간략 평가에 사용하지 않는다.

줄리아는 정수에 대해 비트 단위^bitwise 연산도 지원한다. C++나 자바에서 지원하는 n++, n--는 줄리아에서 지원하지 않아, n += 1, n -= 1을 사용한다.

비트 단위 연산과 같은 좀 더 많은 정보는 http://docs.julialang.org/en/latest/manual/mathematical-operations/를 참고한다.

실수와 허수

줄리아는 특별한 타입을 지원한다. 전역 상수 im은 -1의 제곱근을 나타낸다. 3.2 + 7.1im은 부동소수점 수와 복소수다. 이 타입은 Complex{Float64}다.

---

5 책 전반에서 표현식에 대한 evaluate는 '실행하다' 또는 '평가하다'로 문맥상에 따라 혼용해 번역했다. - 옮긴이

이는 매개화 타입^{parametric type}을 사용한 예제다. 이 예제에서, T를 다른 타입인 Int32나 Int64로 넣을 수 있는 Complex{T}로서 작성했다.

모든 연산자와 exp(), sqrt(), sinh(), real(), imag(), abs()와 같은 기본 함수는 복소수도 정의되어 있다. 예를 들어, abs(3.2 + 7.1im) = 7.787810988975015다.

a와 b가 숫자를 저장한 변수라면, 복소수를 만들기 위해 complex(a, b)를 사용할 수 있다. 정수의 정확한 비율과 같은 작업에 실수^{Rational}는 유용하다. 이를테면, 3//4는 Rational{Int64} 타입이다. 비교^{comparison}와 표준 연산은 정의되어 있다. float()는 부동소수점 수로 변환하고, num()과 den()은 분자와 분모를 반환한다. 두 타입 모두는 모든 숫자 타입과 매끄럽게 잘 작동한다.

문자

파이썬과는 다르지만 C와 자바처럼, 줄리아는 하나의 문자^{Character}에 대한 Char 타입이 있다. 문자 'A'에 대한 typeof('A')는 Char 타입을 반환한다. 사실, Char 타입은 32비트 정수다. 수치 값은 유니코드 코드 포인트이며 '\0'에서 '\Uffffffff'까지다. 수치 값을 int()를 이용해 코드 포인트로 변환할 수 있다. int('A')는 65를 반환하고 int('α')는 945를 반환한다.

그 반대도 가능하다, char(65)는 'A'를 반환하고 char(945)는 '\u3b1'을 반환하며 코드 포인트는 α다(945는 16진법으로 3b1이다.).

유니코드 문자는 \u와 16진수의 4개 문자를 연결하거나 \U 16진수의 8개 문자를 연결한다. is_valid_char() 함수는 숫자가 유니코드 문자에 있는지 체크한다. 이를테면, is_valid_char(0x3b1)은 true를 반환하다. \t(tab), \n(새 줄 문자)과 같은 일반 확장 문자^{escape characters}도 줄리아에 있다.

문자열

다음 예제와 같이 문자열^{String}은 항상 ASCII(ASCII 문자)나 UTF8(ASCII 이외 문자)이다.

```
julia> typeof("hello")
ASCIIString
julia> typeof("Güdrun")
UTF8String
```

UTF16과 UTF32도 지원한다. 문자열은 큰따옴표(" ")나 세 개의 작은따옴표(''' ''')로 나타낸다. 문자열은 변경 불가능하다^{immutable}. 한번 정의하면 변경할 수 없다는 의미다.

```
julia> s = "Hello, Julia"
julia> s[2] = "z"
ERROR: 'setindex!' has no method matching setindex!...
```

문자열은 연속 문자 배열이다('범위와 배열' 절을 참고한다.). 문자 배열은 인덱싱으로 문자를 추출할 수 있다. str = "Julia"에서 str[1]은 Char 'J'를 반환하고, str[end]는 문자열 마지막 문자인 Char 'a'를 반환한다. endof(str)은 바이트 수를 반환하며, length(str)은 문자 개수를 반환한다. 멀티바이트 유니코드 문자를 포함한 문자열에 대해 endof("Güdrun")은 7을 반환하지만 length("Güdrun")은 6을 반환한다.

마지막 바이트의 인덱스보다 큰 인덱스를 사용하면, BoundsError를 발생시킨다. 일반적으로, 문자열은 최대 4바이트까지 차지하는 유니코드 문자를 포함하며, 모든 인덱스는 반드시 유효하지 않다. 예를 들어, str2 = "I am the α: the beginning"에서 str2[10]은 '\u3b1'을 반환하며(두 바이트 문자다.), str2[11]은 ERROR: invalid UTF-8 character index를 반환하고(α 문자의 두 번째 바이트이기 때문이다.), str2[12]는 콜론(:)을 반환한다.

문자가 25개이기 때문에 length(str2)는 25를 반환하지만 마지막 인덱스를 반환하는 endof(str2)는 26을 반환한다. 이러한 이유로, 다음과 같이 인덱스를 사용하지 않고 반복^{iteration}으로 문자열의 문자를 반복하는 것이 가장 좋다.

```
for c in str2
    println(c)
end
```

부분문자열^{substring}은 인덱스 범위로 구할 수 있다. str[3:5]이나 str[3:end]는 "lia"를 반환한다. Char 값과 문자가 하나인 문자열은 다르다. 'A' == "A"는 false 를 반환한다.

줄리아는 문자열을 생성할 때, 능률적인 보간^{interpolation} 시스템을 사용할 수 있다. 문자열에 들어있는 $var은 var의 값으로 대체한다. expr이 표현식일 때, $(expr)은 계산한 값으로 대체한다. a는 2, b는 3일 때, "$a * $b = $(a * b)"는 "2 * 3 = 6" 을 반환한다. 문자열에 $ 기호를 넣으려면, \$처럼 확장 문자를 사용한다.

* 연산자나 string() 함수로 문자열을 연결할 수도 있다. "ABC" * "DEF"는 "ABCDEF"가 되며, string("abc", "def", "ghi")는 "abcdefghi"를 반환한다.

:green과 같이 :이 앞에 붙은 문자열은 Symbol(심볼) 타입이다. print_with_color 함수와 함께 사용한 적이 있다. Symbol 타입은 문자열보다 효율적이며 ID나 키 로 사용할 수 있다. Symbol은 서로 붙일 수 없으며 프로그램 전체에서 상수로 사 용할 때 정의한다. String 타입을 지원하는 다양한 기능의 354개 함수가 있다. methodwith(String)으로 관련 함수를 구할 수 있다. 다음은 유용한 메소드다.

• search(string, char): 문자열에서 char와 첫 번째 일치하는 인덱스를 반환한 다. 부분문자열의 범위를 반환한다. search("Julia", 'l')은 3을 반환한다.

• replace(string, str1, str2): 문자열 string에서 부분문자열 str1을 부분문 자열 str2로 대체한다. 이를테면, replace("Julia", "u", "o")은 "Jolia"를 반환한다.

• split(string, char or [chars]): 문자열에서 특정 문자나 문자열로 나눈다. 예를 들어, split("34,Tom Jones,Pickwick Street 10,Aberdeen", ',')은 배 열의 4개 문자열 ["34","Tom Jones","Pickwick Street 10","Aberdeen"]을

반환한다. char을 지정하지 않으면, 스페이스 문자(스페이스, 탭, 새 줄 등)로 나눈다.

숫자와 문자열 형식화

@printf 매크로(7장, '메타프로그래밍'에 자세히 설명한다.)는 형식 문자열에 하나 이상의 변수를 대체한다. C의 printf와 유사한 방법으로 작동하고, 변수에 대한 플레이스홀더placeholders를 포함한 형식 문자열을 작성할 수 있다.

```
julia> name = "Pascal"
julia> @printf("Hello, %s \n", name) # Hello, Pascal을 반환한다.
```

값을 반환하고자 한다면, 매크로 @sprintf를 사용한다.

다음 chapter 2\formatting.jl 스크립트는 가장 보편적인 형식을 보여준다(show는 print보다 좀 더 특별하게 객체의 텍스트 표현representation을 출력하는 기본 함수다.).

```
# d는 정수형:
@printf("%d\n", 1e5) #> 100000
x = 7.35679
# f는 부동소수형, 필요하면 반올림한다.
@printf("x = %0.3f\n", x) #> 7.357
aa = 1.5231071779744345
bb = 33.976886930000695
@printf("%.2f %.2f\n", aa, bb) #> 1.52 33.98
# 또는 다른 문자열을 생성한다.
str = @sprintf("%0.3f", x)
show(str) #> "7.357"
println()
# e는 과학형 형태:
@printf("%0.6e\n", x) #> 7.356790e+00
# c는 문자형:
@printf("output: %c\n", 'α') #> output: α
# s는 문자열:
@printf("%s\n", "I like Julia")
# 오른쪽 정렬:
@printf("%50s\n", "text right justified!")
```

다음은 이전 스크립트를 실행한 결과다.

```
100000
x = 7.357
1.52 33.98
"7.357"
7.356790e+00
output: α
I like Julia
                    text right justified!
```

문자열의 특별한 종류는 VersionNumber 타입이다. VersionNumber는 선택적인 추가 세부사항을 가진 v"0.3.0" 형태다(v로 시작한다.). 줄리아의 버전을 비교하거나 Pkg 의 의존성과 패키지 버전을 비교하는 데 사용한다(1장, '줄리아 플랫폼 설치'의 '패키지' 절을 참고한다.). 다른 버전을 비교하는 코드를 작성한다면 다음과 같다.

```
if v"0.3" <= VERSION < v"0.4-"
    # 0.3 공개 버전이면 작업을 한다.
end
```

정규 표현식

데이터 과학자에게 있어, 텍스트나 데이터에서 일치한 패턴을 찾거나 문자열을 검색할 때 정규 표현식regular expression은 반드시 필요한 도구다. 줄리아는 펄Perl의 정규 표현식 문법을 충실히 따른다. 이에 대한 완벽한 참고 자료가 필요하다면 http://www.regular-expressions.info/reference.html을 활용한다. 정규 표현식은 r"..."과 같이 r로 시작하는 큰따옴표로 나타낸다(선택적으로 i, s, m, x 플래그를 하나 이상 따른다.). 정규 표현식의 타입은 Regex다. chapter 2\regexp.jl 스크립트는 일부 예제를 보여준다.

첫 번째 예제에서, 이메일 주소를 찾아보자(#>는 결과를 보여준다.).

```
email_pattern = r".+@.+"
input = "john.doe@mit.edu"
println(ismatch(email_pattern, input)) #> true
```

정규 표현식 패턴의 + 기호는 어떠한 문자도 상관없다는 의미다. 이 패턴은 중간의
@을 포함한 문자를 찾는다.

두 번째 예제는 신용카드 번호가 유효한지를 결정한다.

```
visa = r"^(?:4[0-9]{12}(?:[0-9]{3})?)$" # 패턴
input = "4457418557635128"
ismatch(visa, input) #> true
if ismatch(visa, input)
    println("credit card found")
    m = match(visa, input)
    println(m.match) #> 4457418557635128
    println(m.offset) #> 1
    println(m.offsets) #> []
end
```

함수 ismatch(regex, string)은 주어진 regex가 문자열과 일치하는지에 따라
true나 false를 반환한다. 그래서 if 표현식을 사용할 수 있다. 패턴 일치의 상세한
정보를 원한다면, ismatch 함수 대신에 match 함수를 사용한다. 일치하는 패턴이 없
다면 nothing을 반환하지만, 일치하는 패턴을 찾으면 RegexMatch를 반환한다(사실,
nothing은 반환이 없거나 출력할 것이 없음을 뜻한다. nothing은 Nothing 타입을 가진다.).

RegexMatch 객체는 다음 속성을 가진다.

- match는 일치한 전체 부분문자열을 가진다(예제에서는 전체 번호를 포함한다.).
- offset은 일치하기 시작한 위치를 알려준다(예제에서는 1이다.).
- offsets는 일치한 부분문자열을 시작한 모든 위치를 알려준다.
- captures에는 튜플^{tuple}로서 일치한 부분문자열이 있다(다음 예제를 참고한다.).

뿐만 아니라, 문자열이 특정 패턴에 일치하는지 여부를 체크하는 정규 표현식은 문
자열의 부분을 찾는 데 사용하기도 한다. 이를 위해, 괄호에 패턴을 넣는다. 예를 들

어, 이전 이메일에서 사용자 이름과 호스트 이름을 찾기 위해 다음과 같이 수정한다.

```
email_pattern = r"(.+)@(.+)"
```

@ 앞에 문자는 괄호 안에 넣는다. 이렇게 하면, 정규 표현식 엔진이 특정 문자를 찾는다. 어떻게 작동하는지 알기 위해 예제에 적용해보자.

```
email_pattern = r"(.+)@(.+)"
input = "john.doe@mit.edu"
m = match(email_pattern, input)
println(m.captures) #> ["john.doe","mit.edu"]
```

다른 예제도 있다.

```
m = match(r"(ju|l)(i)?(a)", "Julia")
println(m.match) #> "lia"
println(m.captures) #> l - i - a
println(m.offset) #> 3
println(m.offsets) #> 3 - 4 - 5
```

search와 replace 함수는 아규먼트로서 정규 표현식을 입력받는다. 이를테면, replace("Julia", r"u[\w]*l", "red")는 "Jredia"를 반환한다. 모든 일치 문자에 적용하고자 한다면 matchall과 eachmatch가 매우 편리하다.

```
str = "The sky is blue"
reg = r"[\w]{3,}" # 3 문자 이상의 단어
r = matchall(reg, str)
show(r) #> ["The","sky","blue"]
iter = eachmatch(reg, str)
for i in iter
    println("\"$(i.match)\" ")
end
```

matchall 함수는 모든 일치에 대해 RegexMatch로 구성된 배열을 반환한다. eachmatch는 모든 일치에 대한 반복자iterator iter를 반환해 간단하게 반복문으로 처리할 수 있다. 위의 예제 결과로 "The","sky","blue"를 차례로 출력한다.

범위와 배열

search("Julia","uli")를 실행하면 결과는 인덱스 숫자가 아닌 검색된 부분 문자열에 대한 인덱스 구간의 범위[range]인 2:4다. 구간을 사용하면 편리하다. 예컨대, 1에서 1000까지는 1:1000으로 정의할 수 있다. typeof(1:1000)의 타입은 UnitRange{Int64}다. 기본적으로 증가 단위는 1이지만, 두 번째 숫자를 명시해 조절할 수 있다. 0:5:100은 0부터 100까지 5씩 증가하는 범위다. 다음과 같이 범위에 대해 반복할 수 있다.

```
# chapter2\arrays.jl의 코드
for i in 1:2:9
    println(i)
end
```

결과는 1 3 5 7 9를 차례로 출력한다.

문자열을 살펴본 이전 절에서, split 함수는 배열[Array] 타입을 반환했다.

```
a = split("A,B,C,D",",")
typeof(a) #> Array{SubString{ASCIIString},1}
show(a) #> SubString{ASCIIString}["A","B","C","D"]
```

줄리아에서 배열은 매우 효율적이고, 강력하며, 유연하다. 배열의 일반적인 타입 형태[format]는 Array{Type, n}이며, n은 차원이다(5장, '컬렉션 타입'에서 다차원 배열과 매트릭스에 대해 살펴본다.). 복잡한 타입이기 때문에, Array 타입은 제네릭[generic]하고 모든 원소는 같은 타입이어야 한다. 1차원 배열(줄리아에서는 벡터[vector]라 한다.)은 꺾쇠괄호([]) 안에 콤마로 값을 분리해 초기화한다. 이를테면, arr = [100, 25, 37]로 타입은 3-element Array{Int64,1}이다. 자동으로 타입을 추론한다. arra = Any[100, 25, "ABC"]처럼 정의하면 타입은 Any다. 원소 개수를 명시할 필요가 없기 때문에 필요할 때 동적으로 추가할 수 있다.

타입과 원소의 개수로 배열을 정의할 수도 있다.

```
arr2 = Array(Int64,5) # 5-element Array{Int64,1}
```

```
show(arr2)  #> [0,0,0,0,0]
```

이처럼 배열을 생성할 때, 반드시 0으로 초기화되지 않는다(배열 초기화는 '다양한 배열 생성 방법' 절을 참고한다.).

다음과 같이 Float64 타입으로 원소 개수가 0인 배열을 정의할 수 있다.

```
arr3 = Float64[]  #> 0-element Array{Float64,1}
```

이 배열에 원소를 push!로 추가할 수 있다. push!(arr3, 1.0)은 1-element Array{Float64,1}을 반환한다.

arr3 = []로 빈 배열을 생성하는 것은 원소 타입이 Any이기 때문에 좋지 않다. 줄리아는 추론할 타입이 있을 때 성능이 향상된다.

배열을 범위로 초기화할 수 있다.

```
arr4 = [1:7]  #> 7-element Array{Int64,1}: [1,2,3,4,5,6,7]
```

큰 배열을 다룰 때, 성능을 위해 시작과 끝 숫자로 크기를 명시하는 것이 좋다. arr2에 10^5개 원소만 넣을 수 있지만 더 이상은 넣지 못한다. sizehint(arr2, 10^5)를 사용하면, 줄리아는 기존에 있는 데이터를 복사하거나 재할당하지 않고 10^5개만큼 push!를 사용할 수 있다. 이로써 상당히 성능을 개선할 수 있다.

배열은 순차적으로 같은 타입의 값을 저장한다. 파이썬과 같은 다른 고수준 언어와 달리, 수학에서처럼 인덱스는 정수 1부터 원소의 개수만큼이다. 문자열처럼, 꺾쇠괄호로 개별 원소에 접근할 수 있다. arr이 [100, 25, 37]이라면 arr[1]은 100, arr[end]는 37을 반환한다. 유효하지 않은 인덱스를 사용하면 다음과 같은 예외가 발생한다.

```
arr[6]  #> ERROR: BoundsError()
```

다음과 같이 특정 원소를 저장할 수 있다.

```
arr[2] = 5  #> [100, 5, 37]
```

다음 함수로 배열의 주요 특징을 구할 수 있다.

- `eltype(arr)`은 원소의 타입, 여기서는 Int64다.
- `length(arr)`은 원소의 개수, 여기서는 3이다.
- `ndims(arr)`은 차원의 수, 여기서는 1이다.
- `size(arr, n)`은 차원 n에서 원소의 개수, 이를테면 `size(arr, 1)`은 3을 반환한다.

배열의 원소를 콤마나 스페이스로 구분된 문자열로 변환하는 것은 매우 쉽다. 예컨대, `arr4 = [1:7]`을 보자.

```
join(arr4, ", ") #> "1, 2, 3, 4, 5, 6, 7"
```

부분배열을 구하기 위해, 범위 문법(파이썬의 슬라이스slice라고 부른다.)을 사용할 수도 있다.

```
arr4[1:3] #>#> 3-element array [1, 2, 3]
arr4[4:end] #> 3-element array [4, 5, 6, 7]
```

슬라이스로 하나의 원소나 다른 배열을 대체할 수 있다.

```
arr = [1,2,3,4,5]
arr[2:4] = [8,9,10]
println(arr) #> 1 8 9 10 5
```

다양한 배열 생성 방법

편의상, `zeros(n)`은 n개의 원소가 0.0인 배열을 반환하며 `ones(n)`은 n개의 원소가 1.0인 배열을 반환한다

`linspace(start, stop, n)`은 start인 숫자와 end인 숫자 사이에 n개의 원소를 가진 배열을 반환한다.

```
eqa = linspace(0, 10, 5)
show(eqa) #> [0.0,2.5,5.0,7.5,10.0]
```

cell은 정의되지 않은 값을 가진 배열을 생성한다. 이를테면, cell(4)는 4개의 #undef 값을 가진 배열 {Any, 1}을 생성한다.

{#undef, #undef, #undef, #undef}

arr 배열에서 모두 같은 값을 원소로 넣으려면 fill!(arr, 42)를 사용한다. [42, 42, 42]를 반환한다. Int32 타입의 5개 원소를 가진 무작위 수를 배열로 생성하려면 다음을 실행한다.

```
v1 = rand(Int32,5)
5-element Array{Int32,1}:
  905745764
  840462491
  -227765082
  -286641110
  16698998
```

Int64 타입의 원소로 변환하고자 한다면, int64(v1)을 실행한다.

배열의 공통적인 함수

b = [1:7]과 c = [100, 200, 300]이 있다면, 다음 명령어로 b와 c를 붙일 수 있다.

append!(b, c) #> 이제 b는 [1, 2, 3, 4, 5, 6, 7, 100, 200, 300]이다.

배열 b는 append! 메소드로 변경되었다. 그런데 왜 메소드 이름 끝에 느낌표(!)가 있는가? 이는 일반적인 규약이다.

 !로 끝나는 함수는 첫 번째 아규먼트를 변경한다는 뜻이다.

push!와 pop!은 각각 배열 마지막에 새로운 원소를 넣고 마지막 원소를 빼내면서 배열을 변경한다.

```
pop!(b) #> 300, b는 [1, 2, 3, 4, 5, 6, 7, 100, 200]이다.
push!(b, 42) # b는 [1, 2, 3, 4, 5, 6, 7, 100, 200, 42]이다.
```

배열의 앞에 원소를 넣거나 빼고자 한다면 shift!와 unshift!를 활용한다.

```
shift!(b) #> 1, b는 [2, 3, 4, 5, 6, 7, 100, 200, 42]이다.
unshift!(b, 42) # b는 [42, 2, 3, 4, 5, 6, 7, 100, 200, 42]이다.
```

특정 인덱스에 원소를 빼고자 한다면, 다음과 같이 splice! 함수를 사용한다.

```
splice!(b, 8) #> 100, b는 [42, 2, 3, 4, 5, 6, 7, 200, 42]이다.
```

in 함수로 원소가 배열에 있는지를 체크할 수 있다.

```
in(42, b) #> true , in(43, b) #> false
```

배열을 정렬하고자 한다면, sort!를 사용한다. 원본 배열은 그대로 두고, 원소만 정렬하길 원하면, sort를 사용한다.

```
sort(b)  #> [2,3,4,5,6,7,42,42,200]이지만 b는 그대로다.
println(b) #> [42,2,3,4,5,6,7,200,42]
sort!(b) #>
println(b) #> b는 [2,3,4,5,6,7,42,42,200]으로 변경되었다.
```

배열에 대해 반복문을 적용하려면 다음과 같이 한다.

```
for e in arr
    print("$e ")  # 또는 원소 e를 처리한다.
end
```

+나 * 연산자 앞에 .를 붙이면, 연산자는 배열의 원소에 대해 원소 단위로 처리한다. 예를 들어, a1 = [1, 2, 3]이고 a2 = [4, 5, 6]일 때, a1 .* a2는 array [4, 10, 18]을 반환한다. 더불어, 벡터의 내적dot product을 구하려면, dot(a1, a2) 함수로 32를 구할 수 있으며, sum(a1 .* a2)와 같다.

sin()과 같은 함수는 각 원소에 연산자를 적용해 실행한다. [1, 1, 2, 2, 3, 3]을 반환하는 repeat([1, 2, 3], inner = [2])와 같은 유용한 메소드가 있다.

methodswith(Array) 함수는 358개의 메소드를 반환한다.[6] RELP에서 help를 사용하거나 문서를 참고하길 바란다.

한 배열을 다른 배열에 대입하고, 대입한 배열을 변경하면 다른 배열도 변경될 수 있다. 다음 예제를 보자.

```
a = [1, 2, 4, 6]
a1 = a
show(a1) #> [1, 2, 4, 6]
a[4] = 0
show(a) #> [1, 2, 4, 0]
show(a1) #> [1, 2, 4, 0]
```

이런 일이 발생하는 이유는, 각 배열이 메모리에 있는 같은 객체를 가리키고 있기 때문이다. 이를 방지하기 위해서는 배열을 복사해야 한다. b = copy(a)나 b = deepcopy(a)를 사용한다. 배열의 원소가 배열일 경우, 해당 원소에 대해 반복적으로 복사해야 한다.

위에서 보았듯이, 배열은 변경 가능하다mutable (문자열과 반대다.). 그리고 배열은 참조reference로 함수에 아규먼트를 전달할 수 있으며, 함수에서 변경할 수 있다.

```
a = [1, 2, 3]
function change_array(arr)
    arr[2] = 25
end
change_array(a)
println(a) #>[ 1, 25, 3]
```

---

6 함수 개수는 줄리아 버전에 따라 다르다. – 옮긴이

문자 배열을 문자열로 변환

배열 arr = ['a', 'b', 'c']가 있다고 하자. 어떤 함수로 이 문자 배열을 문자열로 변환할 수 있을까? join 함수로 할 수 있다. join(arr)은 문자열 "abc"를 반환한다. utf32(arr)도 마찬가지다.

string(arr) 함수는 문자열로 변환하지 못하고 ['a', 'b', 'c']를 반환한다. 그러나 string(arr...)은 "abc"를 반환한다. 왜냐하면, ...은 스플라이스 연산자^{splice operator}(스플랫^{splat}이라고 알려진)로 arr 배열을 함수에 전달하지 않고 arr 내용을 개별 아규먼트로 전달하기 때문이다.

날짜와 시간

기본 시간 정보를 얻고자 할 때, time() 함수를 사용한다. epoch(유닉스 시스템에서 1970년 1월 1일)라는 미리 정해놓은 날짜 이후에 초 시간인 1.408719961424e9가 반환된다. 이는 두 이벤트 사이의 시간^{Time}을 측정하는 데 매우 유용하다. 이를테면, 태스크에 걸린 시간에 대해 성능 비교를 할 때도 사용한다.

```
start_time = time()
# 시간이 오래 걸리는 작업
time_elapsed = time() - start_time
println("Time elapsed: $time_elapsed")
```

가장 유용한 함수는 strftime(time())으로 "22/08/2014 17:06:13"인 형태를 반환한다.

줄리아로 작업할 때, 버전 0.3보다 좀 더 나양한 기능을 필요로 하면, Dates 패키지를 참고한다. Pkg.add("Dates")로 패키지를 환경에 추가한다(Date 모듈의 일부 기능을 제공한다.). 퀸 존스^{Quinn Jones}의 Time 패키지도 있다. 다음 문서를 참고한다 (https://github.com/quinnj/Datetime.jl/wiki/Datetime-Manual).

줄리아 4.0부터, 날짜^{Date}에 대한 Date와 시간에 대한 DateTime의 기본 표준 라이브러리인 Dates 모듈을 사용할 수 있다.[7] 추가 지역 시간 기능은 Timezones.jl 패키지로 추가할 수 있다.

Date와 DateTime 함수는 다음과 같이 생성한다.

- d = Date(2014,9,1)은 2014-09-01을 반환한다.
- dt = DateTime(2014,9,1,12,30,59,1)은 2014-09-01 T12:30:59.001을 반환한다.

이러한 객체로 일정 기간을 구하기 위해 비교하거나 뺄 수도 있다. Date 부분과 필드는 Dates.year(d), Dates.month(d), Dates.week(d), Dates.day(d)와 같은 함수로 검색할 수 있다. dayofweek, dayname, daysinmonth, dayofyear, isleapyear와 같은 다른 유용한 함수도 있다.

유효범위와 상수

프로그램에서 사용할 수 있는 변수의 범위를 변수의 유효범위Scope라고 한다. 지금까지, 가장 상위 수준에서 변수를 만드는 방법이나 프로그램 어디에서나 사용할 수 있는 전역 변수에 대해 주로 살펴봤다. 이에 반해, 지역 유효범위에서 정의한 변수는 그 유효범위에서만 사용할 수 있다. 지역 유효범위의 일반적인 예제는 함수 내부 코드다. 여러 이유 중 특히 성능 때문에 전역 유효범위 변수를 사용하는 것은 바람직하지 않다. 전역 변수의 값이나 타입을 어느 순간 변경하게 되면, 컴파일러는 코드를 최적화하지 못한다.

따라서 변수 유효범위를 지역 유효범위로 제한하는 것이 좋다. 함수 내부나 제어 구조에서 변수를 정의한다. 이러한 방법으로, 변수명 충돌 없이 한 번 이상 변수명을 사용할 수 있다.

다음 코드를 보자.

---

7 http://docs.julialang.org/en/release-0.4/manual/dates/를 참고한다. – 옮긴이

```
# chapter 2\scope.jl 코드
x = 1.0 # x는 Float64
x = 1 # 이제 x는 Int
# y::Float64 = 1.0 # LoadError: "y is not defined"
function scopetest()
    println(x) # 1, 전역 변수이기 때문에 x를 알 수 있다.
    y::Float64 = 1.0 # y는 Float64이어야 하며, 전역 유효범위가 아니다.
end
scopetest()
println(y) #> ERROR: y not defined, only defined in scope of scopetest()
```

변수 x의 타입을 변경한다. 하지만 코드 타입 불안정^{code type-unstable}이 되어 성능 저하의 원인이 된다. 세 번째 줄에 y를 정의할 때, 지역 유효범위(여기서는 scopetest()다.)에서 사용할 수 있는 타입 애노테이션을 사용했다.

일부 코드 구조는 유효범위 블록을 만들고 지역 변수를 지원한다. 함수와 마찬가지로 for, while, try, let, type 블록도 지역 유효범위를 지원할 수 있다. for, while, try, let에서 정의한 변수는 블록 안에서만 사용할 수 있어 지역적이다.

복합 표현식^{compound expression}이라는 다음 구조는 새로운 유효범위를 만들지 않는다. 일부 부분 표현식^{sub-expressions}을 하나의 복합 표현식으로 만들 수 있으며, 다음과 같이 begin으로 시작한다.

```
x = begin
  a = 5
  2 * a
end # x는 10
println(a) #> a는 5
```

끝나면, x는 10이지만 a도 5다. 이를 ( )로 다시 작성해보자.

```
x = (a = 5; 2 * a)
```

복합 표현식의 값은 마지막 부분 표현식의 값이다. 복합 표현식에서 만든 변수는 표현식이 끝나도 계속 남아있다.

프로그램 실행 동안 변하지 않는 변수를 상수[Constant]라 한다. const로 선언하며, 상수는 변경 불가능하고 타입을 추론할 수 있다. 다음과 같이 대문자로 이름을 짓는 것이 좋다.

```
const GC = 6.67e-11 # 중력 상수
```

줄리아는 ARGS(명령행 아규먼트를 포함한 배열), VERSION(줄리아 버전), OS_NAME(리눅스, 윈도우, Darwin과 같은 운영체제 이름), **수학 상수**(pi, e), **날짜 상수**(Friday, Fri, August, Aug)와 같은 상수를 정의해 두었다.

새로운 값을 전역 상수에 넣으면 경고 메시지가 나오지만, 타입을 변경하고자 한다면 오류 메시지가 나온다.

```
julia> GC = 3.14
    Warning: redefining constant GC
julia> GC = 10
    ERROR: invalid redefinition of constant GC
```

상수에 값을 대입할 수 있지만, 타입을 변경할 수 없기 때문에 최적화할 수 있다. 전역 유효범위에서 가능한 상수를 사용하자.

그래서 전역 상수는 값보다 타입이 좀 더 중요하다. 왜냐하면 줄리아는 정확한 타입으로 성능 향상을 할 수 있기 때문이다. 하지만 상수가 변경 가능한 타입이라면(이를테면, Array, Dict(8장, 'I/O, 네트워킹, 병렬 컴퓨팅'을 참조)), 다른 배열로 변경할 수는 없으며 배열의 원소 값만 변경할 수 있다.

```
julia> const ARR = [4,7,1]
julia> ARR[1] = 9
julia> show(ARR) #> [9,7,1]
julia> ARR = [1, 2, 3]
    Warning: redefining constant ARR
```

이번 장에서 배운 것을 회고하기 위해, 다음 프로그램에서 문자, 문자열, 배열을 다루어보자(strings_arrays.jl).

```
# 신문 헤드라인:
str = "The Gold and Blue Loses a Bit of Its Luster"
println(str)
nchars = length(str)
println("The headline counts $nchars characters") # 43
str2 = replace(str, "Blue", "Red")
# 문자열은 변경 불가능(immutable)이다.
println(str) # The Gold and Blue Loses a Bit of Its Luster
println(str2)
println("Here are the characters at position 25 to 30:")
subs = str[25:30]
print("-$(lowercase(subs))-") # "-a bit -"
println("Here are all the characters:")
for c in str
    println(c)
end
arr = split(str,' ')
show(arr)
#["The","Gold","and","Blue","Loses","a","Bit","of","Its","Luster"]
nwords = length(arr)
println("The headline counts $nwords words") # 10
println("Here are all the words:")
for word in arr
    println(word)
end
arr[4] = "Red"
show(arr)  # 배열은 변경 가능(mutable)이다.
println("Convert back to a sentence:")
nstr = join(arr, ' ')
println(nstr) # The Gold and Red Loses a Bit of Its Luster

# 배열로 작동:
println("arrays: calculate sum, mean and standard deviation ")
arr = [1:100]
typeof(arr) #>
println(sum(arr)) #> 5050
println(mean(arr)) #> 50.5
println(std(arr)) #> 29.011491975882016
```

요약

이번 장에서는 줄리아의 상수, 변수, 타입과 같은 가장 기본적인 요소를 살펴봤다. 이를 통해 숫자, 문자, 문자열, 범위, 다재 다능한 배열 타입이 작동하는 방법을 설명했다. 다음 장에서는 함수를 깊게 살펴보면서, 왜 줄리아가 함수형 언어라고 불릴 만한지를 이해해본다.

3
함수

무엇보다 줄리아는 함수형functional 언어다. 계산과 데이터 변환을 함수로 수행하기 때문이다. 줄리아에서 함수는 일급 시민first-class citizen이다.[1] 함수를 정의하고 다른 아규먼트 타입의 조합으로 오버로드overload해 프로그램을 구축한다. 이번 장에서 이러한 주요 개념과 다음 주제를 다루겠다.

- 함수 정의
- 선택Optional 아규먼트와 키워드 아규먼트
- 이름 없는Anonymous 함수
- 일급 함수First-class와 클로저Closure
- 재귀Recursive 함수
- 맵Map, 필터Filter, 리스트 컴프리헨션List comprehensions
- 제네릭Generic 함수와 멀티플 디스패치Multiple dispatch

---

1 http://ko.wikipedia.org/wiki/일급_객체를 참고한다. – 옮긴이

함수 정의

함수는 입력으로 아규먼트[2](아규먼트 리스트, arglist)를 입력받아, 내부에서 이러한 값을 활용해 목적을 수행하고, none이나 하나 이상 값을 반환하는 객체다. 다수 아규먼트는 arglist에 콤마로 나누어 적는다(사실, 반환값을 가진 arglist는 튜플이다. 5장, '컬렉션 타입'의 '튜플' 절을 참고한다.). 아규먼트의 타입을 선택할 수 있고, 타입을 사용자가 정의할 수도 있다. 다음은 일반적인 구문이다.

```
function fname(arglist)
    # 함수 몸체
    return value(s)
end
```

함수의 아규먼트 리스트에 아무것도 넣지 않아도 되며, fname()과 같이 작성한다.

다음은 간단한 예제다.

```
# chapter 3\functions101.jl 코드
function mult(x, y)
    println("x is $x and y is $y")
    return x * y
end
```

함수 이름은 mult로, 규약에 따라 소문자로 작성하며 긴 이름일 경우, '_'를 넣는다. 함수 이름에는 수학 기호를 표기하는 데 유용한 유니코드 문자도 사용할 수 있다. 마지막 줄에 return 키워드는 선택적이다. 이를테면, return x * y 대신, x * y로 작성할 수 있다. 일반적으로, 함수의 마지막 표현식의 결과값을 반환하며, return 키워드를 적으면 다수 행에서 가독성을 높여준다.

n = mult(3, 4)로 호출하며, 12를 반환한다. return 값은 새 변수 n에 대입된다. 단순히 부가적인 효과를 내기 위해, fname(argslist)를 호출해 함수를 실행할 수도 있다(즉, 함수가 프로그램의 상태에 영향을 미치는 경우인, 다시 말해 전역 변수를 변경하고자

---

2 파라미터(Parameter, 매개변수)는 함수를 선언할 때의 변수 이름이며, 아규먼트(Argument, 인수)는 함수를 호출하면서 전달하는 값을 의미한다(『The C Programming Language (2nd Edition)』 참조). – 옮긴이

할 때가 있다.). 함수 내부에서 일찍 빠져나가는 조건에서 return 키워드를 사용할 수 있다. 다음 함수를 보자.

```
function mult(x, y)
    println("x is $x and y is $y")
    if x == 1
        return y
    end
    x * y
end
```

반환하는 값 없이 return만 사용하면, nothing을 반환한다.

함수에서 반환하는 값을 하나만으로 제한하지 않는다. 다수 반환값^{multiple return value} 에 대한 예제다.

```
function multi(n, m)
    n*m, div(n,m), n%m
end
```

multi(8, 2)를 호출하면, 반환값은 튜플인 (16, 4, 0)을 반환한다. 튜플 반환값을 여러 변수로 추출할 수 있다. 이를테면 x, y, z = multi(8, 2)로 x는 16, y는 4, z 는 0이다. 사실, 줄리아에서 함수는 하나의 값을 반환한다. 이 하나의 값은 튜플이며 여러 값을 가진다.

아규먼트의 수가 변경되는 함수도 가능하다. 일반적으로, varargs 함수라 한다.

```
function varargs(n, m, args...)
    println("arguments : $n $m $args")
end
```

여기서, n과 m은 위치^{positional} 아규먼트다(좀 더 많을 수도 있고 없을 수도 있다.). args... 아규먼트는 모든 나머지 파라미터를 튜플에 넣는다. 이를테면, varargs(1, 2, 3, 4)에서 n은 1, m은 2, args는 (3, 4)다. 파라미터가 많으면 많을수록 튜플도 커지며, 파라미터가 없으면 빈 튜플이 된다. 스플랫 연산자는 튜플을 풀거나 배열을 개별 아규먼트로 넣는 데 사용된다. 예를 들어, 다음과 같이 두 번째 아규먼트의 수가 변경되는^{variable number of argument} 함수를 정의해보자.

```
function varargs2(args...)
    println("arguments2: $args")
end
```

x = (3, 4)로, varargs2(1, 2, x...)를 호출한다. args는 튜플인 (1, 2, 3, 4)가 되며, 튜플 x는 풀어졌다^{spliced}. 배열도 마찬가지로, x = [10, 11, 12]라면, args는 (1, 2, 10, 11, 12)다. 호출된 함수가 아규먼트의 수가 변경되는 함수일 필요는 없지만, 풀어진 파라미터의 수가 정확히 아규먼트의 수와 일치해야만 한다.

줄리아에서 함수의 모든 아규먼트는 참조로 전달된다^{passed by reference}(숫자와 문자 같은 일반적인 데이터는 예외다.). 이 값은 함수에 전달될 때, 복사되지 않기 때문에 함수 내부에서 변경하면 호출한 코드에서도 변경된다.

다음 예제를 보자.

```
functioninsert_elem(arr)
    push!(arr, -10)
end

arr = [2, 3, 4]
insert_elem(arr)
# arr 는 [ 2, 3, 4, -10 ]이다.
```

예제에서 보듯, arr은 함수에서 변경되었다.

줄리아가 컴파일하는 방법 때문에, 실제 호출될 때까지 함수가 정의되어 있어야 한다(그러나 다른 함수 정의에서 사용될 수 있다.).

함수를 호출할 때 전달되는 파라미터의 종류를 제한하기 위해, 아규먼트 타입을 명시하는 것이 유용할 수 있다. 부동소수점 수만 입력받는 함수의 헤더는 function mult(x::Float64, y::Float64)와 같다. mult(5, 6)을 호출하면 ERROR: `mult` has no method matching mult(::Int64, ::Int64) 오류가 발생한다. 줄리아는 강한 타입형 언어임을 다시 한 번 보여주는 예다. 부동소수점 아규먼트에 대해 정수 파라미터를 허용하지 않는다.

타입 정의 없이 함수를 정의하면, 함수는 제네릭하다. 줄리아 JIT 컴파일러는 필요할 때, 다른 아규먼트에 대해 메소드를 호출할 버전을 생성한다. REPL에서 이전에 `mult` 함수를 정의하면, `mult(generic function with 1 method)`와 같은 메시지를 출력한다.

짧은 함수에 대해 한 줄 함수 문법(대입 형태)으로 압축하는 방법이 있다. 이를테면, `mult(x, y) = x * y`다. 간단한 한 줄 함수를 많이 사용하면, 코드는 좀 더 명확해진다. 이 방법으로 수학 함수를 직관적인 형태로 작성할 수 있다. `f(x, y) = x^3 - y + x * y; f(3, 2) #=> 31`이 그 예다.

함수는 자신만의 유효범위를 가진다. 함수 내부에서 선언한 변수는 함수 내부에서만 사용할 수 있고 아규먼트도 마찬가지다. 함수는 가장 상위 수준(전역)이나 중첩 nested(함수 안에 함수를 정의할 수 있다.)으로 정의할 수 있다. 보통, 기능이 유사한 함수들을 같은 줄리아 파일에 넣고, 메인 파일에서 포함하도록 한다. 함수가 매우 길다면, 파일 하나에 넣고 함수 이름과 파일 이름이 같도록 한다.

선택 아규먼트와 키워드 아규먼트

함수를 정의할 때, 하나 이상의 아규먼트에 기본default 값을 넣을 수 있다. 이를테면, `f(arg = val)`과 같다. `arg`에 대한 파라미터를 넣지 않으면, `arg`는 `val`이 된다. 함수 입력에서 아규먼트의 위치는 중요하다. 그래서 선택 위치 아규먼트optional positional arguments라 한다. 다음 예제에서 f 함수는 선택 아규먼트 b를 가진다.

```
# chapter 3\arguments.jl 코드
f(a, b = 5) = a + b
```

`f(1)`은 6이고, `f(2, 5)`는 7이고, `f(3)`은 8이다. 그러나 `f(1, 2, 3)`은 오류를 반환한다. 3개 아규먼트와 일치하는 함수 f가 없기 때문이다. 이들 아규먼트는 위

치로 정해진다. f(2, b = 5)는 ERROR: function f does not accept keyword arguments 같은 오류가 발생한다.

지금까지, 위치로 아규먼트를 정의했다. 코드의 명확성을 위해, 이름으로 아규먼트를 명시해 호출하는 것이 유용하다. 이를 선택 키워드^{optional keyword} 아규먼트라 한다. 아규먼트에 명시한 이름이 있기 때문에 위치 순서와 상관없지만, 아규먼트 리스트에서 세미콜론으로 위치 아규먼트와 구별하며 마지막에 위치해야 한다. 이를테면, 다음과 같다.

```
k(x; a1 = 1, a2 = 2) = x * (a1 + a2)
```

k(3, a2 = 3)은 12를 반환하며, k(3, a2 = 3, a1 = 0)은 9를 반환한다(위치는 상관이 없다.). k(3)은 9를 반환한다(키워드 아규먼트는 선택적이다.). 일반적으로, 선택 위치 아규먼트와 키워드 아규먼트는 다음과 같이 혼용해서 사용한다.

```
function allargs(normal_arg, optional_positional_arg=2; keyword_arg="ABC")
    print("normal arg: $normal_arg - ")
    print("optional arg: $optional_positional_arg - ")
    print("keyword arg: $keyword_arg")
end
```

allargs(1, 3, keyword_arg=4)를 호출하면, normal arg: 1 - optionalarg: 3 - keyword arg: 4를 출력한다.

다음과 같이 키워드 아규먼트를 스플랫해 사용할 수도 있다.

```
function varargs2(;args...)
    args
end
```

varargs2(k1="name1", k2="name2", k3=7)을 호출하면 3개 원소를 가진 Array{Any,1} 타입의 (:k1,"name1") (:k2,"name2") (:k3,7)을 반환한다. args는 (key, value) 튜플의 모음으로 각각의 키^{key}는 키워드 아규먼트의 이름이며, 콜론 (:)이 붙어있기 때문에 Symbol 타입이다(2장, '변수, 타입, 연산'의 '문자열' 절을 참고한다.).

이름 없는 함수

'함수 정의' 절에서 함수 f(x, y)를 이름 없는[Anonymous] 함수인 (x, y) -> x^3 - y + x * y로 이름 없이 작성할 수도 있다. 그러나 f = (x, y) -> x^3 - y + x * y와 같이 이름을 붙일 수도 있으며 f(3, 2)처럼 호출할 수도 있다. 이름 없는 함수는 다음과 같은 구문으로 작성한다.

```
function (x)
    x + 2
end
(anonymous function)
julia>ans(3)
5
```

(x) -> x + 2와 같이, 람다[lambda] 표현식으로 작성할 수 있으며, "->"을 기준으로 앞에는 아규먼트를 명시하고, 뒤에는 반환할 값을 작성한다. 이를 짧게 작성하면 x -> x + 2이며, 아규먼트 없는 함수는 () ->println("hello, Julia")처럼 작성한다.

3개의 아규먼트를 가진 이름 없는 함수는 (x, y, z) -> 3x + 2y - z처럼 된다. 성능이 중요하다면, 이름 있는 함수를 사용하도록 한다. 이름 없는 함수를 호출하는 것은 매우 큰 부가 작업[overhead]이 필요하다. 이름 없는 함수는 다른 함수에 아규먼트로서 함수를 전달할 때 자주 사용한다. 다음 절에서 좀 더 이야기해보자.

일급 함수와 클로저

이번 절에서는 함수의 강력함과 유연성을 이야기해보겠다(chapter 3\first_class.jl 코드를 함께 본다.). 먼저, 함수는 자신만의 타입이 있다. REPL에서 typeof(mult)를 입력하면 Function을 반환한다. 함수 이름을 변수에 대입할 수도 있다.

```
julia> m = mult
julia> m(6, 6) #> 36
```

이러한 특징은 c = x -> x + 2나 다음과 같은 이름 없는 함수를 사용할 때 유용하다.

```
julia>plustwo = function (x)
                  x + 2
end
(anonymous function)
julia>plustwo(3)
5
```

연산자도 중간삽입자 형태^{infix form}로 함수의 입력 아규먼트로 작성된 함수다. 이를테면, x + y는 +(x, y)와 같다. 사실, 첫 번째 형태는 실행될 때 두 번째 형태로 파싱된다. REPL에서 두 번째 형태로 실행할 수도 있다. +(3, 4)는 7로 반환하며, typeof(+)는 Function 타입을 반환한다.

함수는 아규먼트로 함수(또는 다중 함수^{multiple functions})를 입력받을 수 있다. 다음과 같이 함수 f의 수치 미분을 계산할 수 있다.

```
function numerical_derivative(f, x, dx=0.01)
    derivative = (f(x+dx) - f(x-dx))/(2*dx)
    return derivative
end
```

함수를 numerical_derivative(f, 1, 0.001)처럼 호출할 수 있으며, 아규먼트로 이름 없는 함수를 전달한다.

```
f = x -> 2x^2 + 30x + 9
println(numerical_derivative(f, 1, 0.001)) #> 33.99999999999537
```

함수는 반환값으로 다른 함수(다수 함수^{multiple functions})를 반환할 수도 있다. 함수의 미분을 계산하는 다음 코드로 설명해보겠다.

```
function derivative(f)
    return function(x)
        # h에 대한 작은 값을 고른다.
        h = x == 0 ? sqrt(eps(Float64)) : sqrt(eps(Float64)) * x
        xph = x + h
        dx = xph - x
```

```
            f1 = f(xph) # x + h의 f를 구한다.
            f0 = f(x) # x의 f를 구한다.
            return (f1 - f0) / dx # h로 나눈다.
        end
    end
end
```

두 예제 모두에서 이름 없는 함수는 매우 유용하다.

다음 예제에서 counter 함수는 두 개의 이름 없는 함수를 튜플로 반환한다.

```
function counter()
    n = 0
    () -> n += 1, () -> n = 0
end
```

반환된 함수를 변수에 대입한다.

```
(addOne, reset) = counter()
```

n은 함수 내부에서 정의되었기 때문에 함수 외부에서 사용할 수 없다.

```
julia> n
ERROR: n not defined
```

반복해서 addOne을 호출해 다음 코드를 얻는다.

```
addOne() #=> 1
addOne() #=> 2
addOne() #=> 3
reset()  #=> 0
```

counter 함수 내부에서, 이름 없는 함수는 변수 n에 접근할 수 있다. addOne과 reset 함수만이 n을 변경한다. 두 함수는 변수 n에 닫혀 있고[close] n을 참조한다. 이러한 이유로 이 함수들을 클로저[closure]라고 한다.

커링[Currying](부분 적용[partial application]이라고도 한다.)은 다수의 아규먼트를 입력받는 함수의 실행을 아규먼트에 대해 내부 함수에서 실행하도록 전달하는 기술이다. 다음은 함수 커링의 예제다.

```
function add(x)
    return function f(y)
        return x + y
    end
end
```

결과는 add (generic function with 1 method)를 반환한다.

add(1)(2)를 호출하면 3을 반환한다. 이 예제는 간결하게 add(x) = f(y) = x + y 로 작성할 수 있으며, add(x) = y -> x + y와 같이 이름 없는 함수로도 작성할 수 있다. '맵, 필터, 리스트 컴프리헨션' 절에서 보겠지만 함수를 전달할 때, 커링은 특히 유용하다.

재귀 함수

함수는 중첩될 수 있다. 다음은 예제다.

```
function a(x)
    z = x * 2
    function b(z)
        z += 1
    end
    b(z)
end

d = 5
a(d) #=> 11
```

함수는 재귀적[recursive]이다. 즉, 자신이 자신을 다시 호출할 수 있다. 일부 예제를 보기 전에, 조건 판단을 조금 살펴보자. 줄리아에서 가장 간단한 조건식은 삼항식 연산자[ternary operator]를 사용하는 것으로, expr ? b : c 형태다. 줄리아에는 당연히 일반적인 if 구조(4장, '흐름 제어'의 '조건 평가' 절을 참고한다.)가 있다. expr은 조건이고,

참이면 b를 실행해 값을 반환하며, 거짓이면 c를 실행한다. 특정 값까지 모두 더하는 재귀 함수를 정의해본다.

```
sum(n) = n > 1 ? sum(n-1) + n : n
```

재귀는 기본 조건에서 끝이 난다. n이 1이면, 1을 반환한다. 이전 두 피보나치[Fibonacci] 값을 더해 n번째 피보나치를 구하는 유명한 함수를 정의해보자.

```
fib(n) = n < 2 ? n : fib(n-1) + fib(n-2)
```

재귀를 사용할 때, 계산을 멈추는 기본 조건을 반드시 정의해야 한다. 줄리아에서 함수를 매우 중복적으로 중첩할 수 있지만 스택 오버플로우가 발생할 수도 있다. 지금까지, 줄리아는 자동으로 호출 최적화가 되지 않는다. 이 문제가 발생한다면 제크 알라운[Zach Allaun]가 제안한 다른 해결책을 그의 블로그(http://blog.zachallaun.com/post/jumping-julia)에서 찾아보자.

맵, 필터, 리스트 컴프리헨션

맵[Map]과 필터[Filter]는 함수형 언어의 특징이다. 맵은 map(func, coll) 형태의 함수이고, func는 coll 컬렉션의 모든 원소에 연속적으로 적용하는 함수이며 보통 이름 없는 함수를 사용한다. 맵은 새로운 컬렉션을 반환한다. 다음은 예제다.

- map(x -> x * 10, [1, 2, 3])은 [10, 20,30]을 반환한다.
- cubes = map(x-> x^3, [1:5])는 [1, 8, 27, 64, 125]를 반환한다.

맵에서 하나 이상 아규먼트를 가진 함수를 사용할 수도 있다. 이 경우, 각 아규먼트에 대한 컬렉션이 필요하다. 예컨대, map(*, [1, 2, 3], [4, 5, 6])은 각 원소에 대해 작동하며 [4, 10, 18]을 반환한다.

맵에 다행 함수를 적용할 때, 다소 거추장스러운 이름 없는 함수를 작성할 수 있다. 이를테면, 다음 함수를 생각해보자.

```
map( x-> begin
```

```
            if x == 0 return 0
            elseif iseven(x) return 2
            elseif isodd(x) return 1
            end
     end,[-3:3])
```

이 함수는 [1,2,1,0,1,2,1]을 반환한다. 다음과 같이 do 블록으로 줄일 수 있다.

```
map([-3:3]) do x
    if x == 0 return 0
    elseif iseven(x) return 2
    elseif isodd(x) return 1
    end
end
```

do x 구문은 아규먼트 x를 가진 이름 없는 함수를 만들어, 첫 번째 아규먼트로서 맵에 전달한다.

필터는 filter(func, coll) 형태 함수로, func는 컬렉션 coll의 각 원소를 체크하는 불린^{boolean} 함수다. 필터는 func가 참으로 평가하는 원소로 된 새로운 컬렉션을 반환하다. 예를 들어, 다음 코드는 짝수를 걸러내 [2, 4, 6, 8, 10]을 반환한다.

```
filter(n ->iseven(n), [1:10])
```

배열을 생성하는 믿을 수 없을 정도로 강력하고 간단한 방법은 리스트 컴프리헨션 List comprehensions이다. 내부 반복문으로 결과 배열을 생성하며 값을 걸러낸다. 다음은 일부 예제다.

- arr = Float64[x^2 for x in 1:4]는 4-element Array{Float64,1}인 1.0, 4.0, 9.0, 16.0을 반환한다.

- cubes = [x^3 for x in [1:5]]는 [1, 8, 27, 64, 125]를 반환한다.

- mat1 = [x + y for x in 1:2, y in 1:3]은 2 x 3 Array{Int64,2}를 생성한다.

  2 3 4

  3 4 5

- `table10 = [x * y for x=1:10, y=1:10]`은 10 x 10 `Array{Int64,2}`로 10까지 곱셈 값을 반환한다.
- `arrany = Any[i * 2 for i in 1:5]`는 5-element `Array{Any,1}`인 2, 4, 6, 8, 10을 반환한다.

더 많은 예제는 5장, '컬렉션 타입'의 '딕셔너리' 절에서 살펴보겠다.

`arr`에 타입을 제한하는 것은 성능 향상에 도움을 준다. 코드의 명확성과 안전성을 위해 타입형 컴프리헨션을 사용하길 강력하게 추천한다.

제네릭 함수와 멀티플 디스패치

함수는 본래 제네릭^{Generic}으로 정의된다. 즉, 아규먼트의 타입에 따라 다른 함수를 사용할 수 있다. 컴파일러는 새로운 타입의 아규먼트가 호출될 때마다 다른 함수의 버전을 생성한다. 아규먼트 타입의 특정 조합에 대한 구체적인 함수 버전을 줄리아에서 메소드^{method}라 부른다. 함수에 대해 새로운 메소드를 정의하기 위해(오버로딩 overloading이라고도 한다.), 다른 아규먼트 타입을 가진, 즉 다른 시그니처^{signiture}를 가진 함수로 이름을 같게 한다. 모든 메소드 목록을 가상 메소드 테이블$^{virtual\ method\ table}$인 vtable에 함수 자체로 저장한다. 메소드는 특정 타입에 속하지 않는다. 함수가 호출되면, 줄리아는 런타임^{runtime}에 vtable에서 모든 아규먼트 타입을 기반으로 호출할 구체적인 메소드를 찾는다. 파이썬, C++, 포트란과 다른, 이것이 줄리아의 멀티플 디스패치$^{Multiple\ dispatch}$ 작동 방법이다. 일반 객체지향 코드에서는 클래스를 변경하거나 기존 클래스에서 하위 클래스화하여, 결국 라이브러리를 변경하게 한다. 중요한 점은 디스패치는 위치 아규먼트만 고려하고 키워드 아규먼트를 고려하지 않는다는 것이다.

이러한 다른 메소드에 대해, 프로세서의 명령어를 고려해 특화된 저수준 코드를 생성한다. 객체지향$^{OO,\ object-oriented}$ 언어와 달리, vtable은 타입(클래스)이 아닌 함수를 정의한다. 객체지향 언어에서, 메소드는 `object.method()`와 같이 하나의 객체에서 호출한다. 이를 싱글 디스패치$^{single\ dispatch}$라 한다. 줄리아에서 하나의 함수가 다수의 객체에 속하거나, 함수가 다른 타입에 대해 특화되었거나 하는 경우에 오버로드되었다고 한다. 고수준 동적 언어와 같은 가독성과 C와 같은 성능을 내는 줄리아 컴파일의 기능은 멀티플 디스패치에 기인한다.

좀 더 자세히 이야기하면, square(x) = x * x와 같은 함수는 x 아규먼트의 특정 타입 하나 하나에 대해 실제 무한의 메소드 군^{family}을 잠재적으로 정의한다. 예를 들어, square(2)는 CPU의 기본 정수 곱셈 명령어를 사용하는 구체화된 메소드를 호출하지만, square(2.0)은 CPU의 기본 부동소수점 곱셈 명령어를 사용한다.

실제 멀티플 디스패치를 보자. n과 m을 아규먼트로 가진 f는 문자열을 반환하도록 정의한다. 일부 함수는 n이나 m이 타입 애노테이션을 가진다(Number는 Integer의 상위 타입이다. 6장, '타입, 메소드, 모듈'의 '타입 계층: 하위타입과 상위타입' 절을 참조한다.).

```
f(n, m) = "base case"
f(n::Number, m::Number) = "n and m are both numbers"
f(n::Number, m) = "n is a number"
f(n, m::Number) = "m is a number"
f(n::Integer, m::Integer) = "n and m are both integers"
```

이는 f (generic function with 5 methods)를 반환한다.

n과 m이 기본 타입이 없다면, 모든 타입의 가장 상위인 Any 타입이다. 다음 함수를 호출할 때, 가장 적절한 메소드를 어떻게 선택하는지 살펴보자.

- f(1.5, 2)는 n and m are both numbers를 반환한다.
- f(1, "bar")은 n is a number를 반환한다.
- f(1, 2)는 n and m are both integers를 반환한다.
- f("foo", [1,2])는 base case를 반환한다.

f(n, m)은 절대 오류를 만들지 않는다. 왜냐하면 다른 메소드가 일치하지 않을 때, 새로운 메소드를 생성해 기본 함수를 호출하기 때문이다.

```
f(n::Float64, m::Integer) = "n is a float and m is an integer"
```

f(1.5, 2)는 이제 returns n is a float and m is an integer를 반환한다.

함수의 모든 버전을 보고자 한다면, REPL에서 `methods(fname)`을 입력한다. 이를테면, `methods(+)`는 제네릭 함수 +에 대해 149개의 목록을 출력한다.[3]

```
+(x::Bool) at bool.jl:36
+(x::Bool,y::Bool) at bool.jl:39
...
+(a,b,c) at operators.jl:82
+(a,b,c,xs...) at operators.jl:83
```

함수가 어떻게 정의되어 있는지 소스 코드에서도 확인할 수 있다. 소스는 줄리아를 설치한 위치의 base/bool.jl이나 https://github.com/JuliaLang/julia/blob/master/base/bool.jl에 있다. `int(false)`는 0이고 `int(true)`는 1이기 때문에, 부울 변수의 덧셈과 정수의 덧셈이 같음을 볼 수 있다. `+(x::Bool, y::Bool) = int(x) + int(y)`의 경우다.

두 번째 예로, `methods(sort)`는 `4 methods for generic function "sort"`를 출력한다.

매크로 `@which`는 메소드가 정의한 소스 코드가 어디에 있고 무엇인지 정확히 알려준다. 이를테면, `@which 2 * 2`는 `*(x::Int64,y::Int64) at int.jl:47`을 반환한다. 이를 다른 용도로 사용할 수 있다. 특정 타입에 대한 정의 메소드를 확인하거나 타입에 대한 메소드를 사용하고자 할 때, `methodswith(Type)`을 사용한다. 예를 들어, `methodswith(String)`을 다음과 같이 출력한다.

```
354-element Array{Method,1}:
 write(io::IO,s::String) at string.jl:68
 download(url::String,filename::String) at interactiveutil.jl:322
   ...
```

`write` 메소드에 대한 소스에서 다음과 같이 정의되어 있음을 볼 수 있다.

```
write(io::IO, s::String) = for c in s write(io, c) end
```

---

3 줄리아 버전마다 개수가 다를 수 있다. - 옮긴이

이미 언급했듯이, 타입 안정type stability은 성능에 아주 중요한 역할을 한다. 모든 출력 변수의 반환 타입을 입력 타입으로 추론할 수 있다면, 함수가 타입 안정하다. 함수를 디자인할 때, 이를 염두에 두자.

함수 실행에 대한 대략적인 성능 측정(사용한 시간과 메모리)은 @time으로 할 수 있다. 예를 들면, 다음과 같다.

```
@time fib(35)
elapsed time: 0.115188593 seconds (6756 bytes allocated) 9227465
```

@elapsed는 실행 시간만 반환한다. @elapsed fib(35)는 0.115188593을 반환한다.[4]

줄리아에서, 메소드는 가장 먼저 LLVM JIT 컴파일러 백엔드를 호출한다(1장, '줄리아 플랫폼 설치'의 '줄리아 작동 방법' 절을 참고한다.). 기계 코드를 생성하며, 웜업warm-up 호출은 시간이 좀 더 걸린다. 한 번 실행 후, 두 번째 호출부터 시간이나 성능 평가를 하도록 한다.

줄리아로 코드를 작성할 때, 작동하도록 쉽게 작성한다. 그리고 차후 필요하다면 프로파일링profiling을 하여, 성능 저하 부분을 고쳐 성능을 향상한다. 9장, '외부 프로그램 실행'의 '성능 팁' 절에서 성능 측정에 대해 살펴본다.

요약

이번 장에서는 함수가 줄리아의 가장 기본 구조임을 확인했고 함수의 강력함, 아규먼트와 반환값, 클로저, 맵, 필터, 컴프리헨션에 대해 살펴봤다. 그러나 함수에서 좀 더 흥미롭게 코드를 작성하려면, 기본적인 흐름 제어, 반복iteration, 반복문을 알아야한다. 이것이 다음 장의 주제다.

---

4 컴퓨터 사양에 따라 다르다. – 옮긴이

4
흐름 제어

줄리아는 다른 언어와 마찬가지로 많은 제어 명령문을 제공하지만, 매우 단순하다. 이에 반해 태스크는 아마도 낯설겠지만, 계산을 좀 더 유연하게 만드는 코루틴^{coroutine}을 기반으로 되어 있다.

이번 장에서는 다음 주제를 다룬다.

- 조건 평가^{Conditional evaluation}
- 반복 평가^{Repeated evaluation}
- 예외 처리^{Exception handling}
- 유효범위 다시 보기^{Scope revisited}
- 태스크^{Task}

조건 평가

조건 평가는 코드 일부를 평가한다. 불린 표현식이 참인지 거짓인지 판단한다. 다음과 같이 if-elseif-else-end 문법을 사용해보자.

```
# Chapter 4\conditional.jl 코드
var = 7
```

```
if var > 10
    println("var has value $var and is bigger than 10.")
elseif var < 10
    println("var has value $var and is smaller than 10.")
else
    println("var has value $var and is 10.")
end
# => prints "var has value 7 and is is smaller than 10.")
```

elseif(하나 이상 넣을 수 있다.)와 else 분기는 선택적이다. 처음 분기 조건을 평가하고, 분기 코드가 참이면 코드를 실행하기 때문에 하나의 분기만으로도 평가할 수 있다. 괄호가 조건문에 특별히 필요하지 않지만 명확하게 하기 위해 사용할 수 있다. 각 표현식은 효과적으로 참과 거짓을 판단해야 하며 0이나 1 이외의 다른 값을 허용하지 않는다.

줄리아에서 모든 표현식은 값을 반환하기 때문에 if 표현식을 사용할 수 있다. 조건문을 사용해, 조건에 따라 대입할 수도 있다. 이전 예제에서는 println만을 사용했기 때문에 반환된 값이 없다.

그러나 다음 코드에서 z에 15를 대입한다.

```
a = 10
b = 15
z = if a > b    a
    else        b
    end
```

이 표현식을 다음과 같이 삼항식 연산자[ternary operator]로 단순화해보자(3장, '함수'의 '재귀 함수' 절에서 소개했다.).

```
z = a > b ? a : b
```

a나 b를 평가하지만 필요하면 각 절을 괄호에 넣는다. 연속하게 삼항식 연산자를 사용할 수 있지만 가독성을 떨어뜨린다. 다음처럼 첫 예제를 다시 작성해보자.

```
var = 7
varout = "var has value $var"
cond = var > 10 ? "and is bigger than 10." : var < 10 ? "and is smaller
than 10" : "and is 10."
println("$varout $cond") # var has value 7 and is smaller than 10
```

간략 평가^{short-circuit}를 사용해(2장, '변수, 타입, 연산'의 '기본 수학 함수와 연산자' 절을 참고한다.), if 조건문을 다음과 같이 작성할 수 있다.

```
if <조건문> <명령문> end는 <조건문> && <명령문>으로 작성한다.
if !<조건문> <명령문> end는 <조건문> || <명령문>으로 작성한다.
```

좀 더 명확하게, 첫 번째 예는 '〈조건문〉이면 〈명령문〉을 하라.', 두 번째 예는 '〈조건문〉 아니면 〈명령문〉을 하라.'라고 읽을 수 있다.

파라미터 값을 아규먼트에 따라 조절할 때, 이 기능은 편리하다. 다음은 제곱근을 구하는 함수다.

```
function sqroot(n::Int)
    n >= 0 || error("n must be non-negative")
    n == 0 && return 0
    sqrt(n)
end
sqroot(4) #=> 2.0
sqroot(0) #=> 0.0
sqroot(-6) #=> ERROR: n must be non-negative
```

error 명령문은 주어진 메시지와 코드를 멈추는 데 효과적인 예외 처리다(이번 장 '예외 처리' 절을 참고한다.).

줄리아는 switch/case 조건문과 기본 패턴 매칭^{pattern matching}이 없다(멀티플 디스패치는 일종의 패턴 매칭이라고 주장할 수도 있지만, 그것은 값이 아니라 타입에 대한 것이다.). 패턴 매칭이 필요하다면, 이 기능을 제공하는 PatternDispatch와 Match 패키지를 사용한다.

반복 평가

줄리아에는 특정 횟수를 반복하거나 컬렉션을 반복하는 for 반복문이 있다. 조건에 따라 while 반복문은 사용할 수도 있다. break와 continue로 반복을 조절한다.

for 반복문

컬렉션 coll의 원소를 반복할 때 이미 for 반복문을 사용했다(2장, '변수, 타입, 연산'의 '문자열' 절과 '범위와 배열' 절을 참고한다.). 일반적인 형태는 다음과 같다.

```
# Chapter 4\repetitions.jl 코드
for e in coll
    # coll의 각 원소를 처리한다.
end
```

coll은 범위, 문자열, 배열, 반복할 수 있는 컬렉션이다(다른 사용 예는 5장, '컬렉션 타입'에서 볼 수 있다.). 변수 e는 for 반복문 밖에서 사용할 수 없다. 숫자 범위에 대해 반복할 때, in 대신에 = 을 사용한다.

```
for n = 1:10
    print(x^3)
end
```

(이 코드는 한 줄로도 작성할 수 있지만, 명확하게 세 줄로 작성했다.) 반복 횟수를 알 때, for 반복문을 사용한다.

 for i in (1:n)보다 for i in 1:n을 사용하자. 전자는 배열에 해당하지만, 후자는 단순한 범위(range) 객체를 사용한다.

배열 원소에 대해 인덱스로 반복할 수 있다. 다음 코드를 실행해보자.

```
arr = [x^2 for x in 1:10]
for i = 1:length(arr)
```

```
    println("the $i-th element is $(arr[i])")
end
```

다음과 같이 enumerate 함수를 사용해 좀 더 우아하게 처리할 수 있다.

```
for (ix, val) in enumerate(arr)
    println("the $ix-th element is $val")
end
```

중첩 for 반복문도 가능하며, 다음 코드는 곱셈표를 만든다.

```
for n = 1:5
    for m = 1:5
        println("$n * $m = $(n * m)")
    end
end
```

하지만 반복에 대한 중첩은 다음과 같이 하나로 합할 수 있다.

```
for n = 1:5, m = 1:5
    println("$n * $m = $(n * m)")
end
```

while 반복문

조건문이 참인 동안에 계속해서 반복하고자 할 때, 다음과 같이 while 반복문을 사용한다.

```
a = 10; b = 15
while a < b
    # process(a)
    println(a)
    a += 1
end
# 10 11 12 13 14를 연속으로 출력한다.
```

반복문 내부에서, 값 a를 변경해 초기 조건이 false가 되면 반복문을 빠져나간다. 초기 조건이 거짓이면 while 반복문을 시작하지도 못한다.

배열에서 원소를 제거하거나 추가하기 위해 배열에 대해 반복하고자 할 때, 다음과 같이 while 반복문을 사용한다.

```
arr = [1,2,3,4]
while !isempty(arr)
    print(pop!(arr), ", ")
end
```

이 코드는 4, 3, 2, 1을 출력한다.

break 명령문

때로는 특정 조건을 만족할 때 반복을 끝내면 편리하다. 바로 break 명령문이 하는 일이다. 다음 예제를 보자.

```
a = 10; b = 150
while a < b
    # process(a)
    println(a)
    a += 1
    if a >= 50
        break
    end
end
```

이 결과는 10에서 49까지 출력하고 break를 만나 반복문을 빠져나온다. 다음 코드는 자주 사용되는 형태로, 배열에서 주어진 원소를 찾으면 멈춘다.

```
arr = rand(1:10, 10)
println(arr)
# 배열 arr에서 search의 인덱스를 구한다.
searched = 4
for (ix, curr) in enumerate(arr)
```

```
        if curr == searched
            println("The searched element $searched occurs on index $ix")
            break
        end
    end
end
```

다음과 같이 출력이 나온다.

```
[8,4,3,6,3,5,4,4,6,6]
The searched element 4 occurs on index 2
```

break 명령문은 while 반복문뿐 아니라 for 반복문에서도 사용할 수 있다. while ture ... end 형태에서는 반드시 break가 있어야 한다.

continue 명령문

반복에서 한 번 혹은 그 이상을 건너뛰어야 한다면 어떻게 할까? 더구나 다음 반복을 계속하고자 한다면, 어떻게 할까? 다음 예제처럼 continue를 사용한다.

```
for n in 1:10
    if 3 <= n <= 6
        continue # 현재 다음 반복으로 건너뛴다.
    end
    println(n)
end
```

결과를 보면 1, 2, 7, 8, 9, 10을 출력하고 3에서 6까지는 건너뛴다. 연속 조건문을 사용했다.

줄리아에는 repeat-until이나 do-while 구조가 없지만 do-while 반목문을 다음처럼 할 수 있다.

```
while true
    # code
    condition || break
end
```

예외 처리

프로그램 실행 중에 비정상적인 조건이 발생할 경우, 오류가 일어난 위치와 예외 메시지를 출력하며 줄리아 런타임이 예외나 오류를 발생시킨다(chapter 4\errors.jl을 함께 실행해보자.).

- 배열에서 잘못된 인덱스를 사용할 경우, 이를테면, `arr = [1,2,3]`일 때, `arr[0]`을 입력하면 `ERROR: BoundsError()`와 함께 프로그램이 종료한다.
- `sqrt()`에서 음의 값을 입력할 경우, 이를테면, `sqrt(-3)` `ERROR: DomainError: sqrt will only return a complex result if called with a complex argument, try sqrt(complex(x))`를 반환한다. `sqrt(complex(-3))`은 올바른 답인 `0.0 + 1.7320508075688772im`을 반환한다.
- 줄리아 코드에서 문법 오류는 LoadError를 반환한다.

이러한 오류와 유사하게, 줄리아에는 발생할 수 있는 미리 정해진 18개 예외가 있다(http://docs.julialang.org/en/latest/manual/control-flow/#man-exception-handling을 참조한다.). 이 모든 오류는 기본 타입인 Exception에서 파생된다.

어떻게 사용자는 예외를 발생시킬 수 있을까? 예외 발생^{throwing}으로 기본 예외 중 하나를 호출할 수 있다. 즉, 아규먼트로 예외를 전달해 throw 함수를 호출한다. 이를테면, 입력으로 `codes = ["AO", "ZD", "SG", "EZ"]`만 받을 때, code가 "AR"이면 DomainError가 발생한다.

```
if code in codes
    println("This is an acceptable code")
else
    throw(DomainError())
end
```

rethrow() 명령문은 상위 레벨로 호출하는 데 유용한 예외다.

DomainError()에 아규먼트로 사용자 메시지를 출력할 수 없다. 대신 String 타입 message를 사용하는 error(message)를 호출한다('조건 평가' 절을 참고한다.).

ErrorException 함수와 ERROR: message로 프로그램이 멈춘다.

다음은 프로그램이 멈추지 않고 테스팅과 디버깅에 도움을 주는 유용함 함수다.

- warn("Something is not right here"): 다음과 같이 (REPL에서 붉은색으로) 표준 오류 결과로 출력한다. WARNING: Something is not right here
- info("Did you know this?"): 다음과 같이 (REPL에서 파란색으로) 출력한다. INFO: Did you know this?

사용자 정의 예외 생성은 type CustomException <: Exception end와 같이 Exception 기본 타입에서 파생해야 한다(<에 대한 설명은 6장, '타입, 메소드, 모듈'의 '타입 계층: 하위타입과 상위타입' 절에서 다룬다.). 예외를 발생시키기 위해 아규먼트를 사용할 수 있다.

프로그램을 계속 진행하려면, 발생 가능한 예외를 처리하는 try-catch-finally 구조를 사용한다.

- 위험한 코드에 try 블록을 감싼다.
- 예외가 발생하면 catch 블록으로 들어와 예외가 발생한 코드에 대한 처리를 한다.

다음은 예외 처리^{exception handling} 예제다.

```
a = []
try
    pop!(a)
catch ex
    println(typeof(ex))
    showerror(STDOUT, ex)
end
```

다음과 같은 메시지를 출력한다.

```
ErrorException
    array must be non-empty
```

빈 배열에서 원소를 꺼내면 예외가 발생한다(a 원소 타입을 지정하지 않아 push!(a, 1)은 가능하다.). 변수 ex는 예외 객체를 포함하지만 예외 객체를 포함한 변수 ex를 사용하지 않고 문자열을 넣을 수 있다. showerror 함수는 편리하다. 첫 번째 아규먼트는 I/O 스트림이며, 파일도 될 수 있다.

catch 블록에서 예외의 다른 타입을 구별하기 위해, 다음 코드를 사용할 수 있다.

```
try
    # 코드
catch ex
    if isa(ex, DomainError)
        # do this
    elseif isa(ex, BoundsError)
        # do this
    end
end
```

if, while과 유사하게 try는 표현식이며, 변환하는 값을 변수에 대입할 수 있다. 다음 코드를 보자.

```
ret = try
    a = 4 * 2
    catch ex
    end
```

코드를 실행하면 ret는 8이 된다.

예를 들어, 리소스를 정리하는 작업과 같이 반드시 처리해야 하는 명령문을 사용하는 데 유용하다. 대표적인 사용 예는 데이터베이스나 파일을 처리하는 작업이다. 어떤 작업을 실행한 후 오류나 예외와 상관없이 파일이나 데이터베이스 연결을 처리하려고 한다. 이러한 경우 try-catch-finally 구조에서 finally를 사용한다.

```
f = open("file1.txt")  # IOStream(<file file1.txt>)를 반환한다.
try
    # 파일 작업한다.
```

```
catch ex
finally
    close(f)
end
```

try-catch-finally 구조는 try문 내에서 반환을 하더라도 finally는 항상 실행한다. 일반적으로 try-catch, try-finally, try-catch-finally와 같은 조합 모두를 사용할 수 있다.

 try-catch는 성능을 중시하는 코드에서 사용하지 말아야 한다. 이 내부 작동은 성능에 부하를 주기 때문이다. 가능하다면, 일반 조건 평가로 예외를 처리한다.

유효범위 다시 보기

for, while, try 블록(if 블록을 제외한)은 모두 새로운 유효범위를 만든다. 이 블록들에서 정의한 변수는 블록 내부에서만 사용할 수 있다. 이를 지역 유효범위^{local scope}라 하며 중첩 블록도 지역 유효범위를 만든다.

다른 유효범위에 같은 이름 변수를 동시에 안정적으로 사용할 수 있다. 전역 유효범위와 지역 유효범위에서 같은 변수명이 있다면 global이나 local 키워드를 변수명 앞에 넣어 구별할 수 있다.

* global: 현재 유효범위를 넘어 전역 유효범위에서 변수를 사용하고자 할 때 명시한다.
* local: 현재 유효범위에서 새로운 변수를 정의하고자 할 때 명시한다.

다음과 같이 명확하게 유효범위를 나타내도록 한다.

```
# Chapter 4\scope.jl 코드
x = 9
function funscope(n)
    x = 0  # x는 함수의 지역 유효범위 내에 있다.
```

```
    for i = 1:n
        local x # x는 반복문에서 지역적(local)이다.
        x = i + 1
        if (x == 7)
            println("This is the local x in for: $x") #> 7
        end
    end
    x
    println("This is the local x in funscope: $x") #> 0
    global x = 15
end

funscope(10)
println("This is the global x: $x") #> 15
```

이 코드의 결과는 다음과 같다.

```
This is the local x in for: 7
This is the local x in funscope: 0
This is the global x: 15
```

for 반복문 내에 local 키워드가 없다면, 두 번째 print 명령문은 0 대신 11을 출력한다.

```
This is the local x in for: 7
This is the local x in funscope: 11
This is the global x: 15
```

global x = 15를 없애면, 무엇이 출력될까? 다음 결과를 확인해보자.

```
This is the local x in for: 7
This is the local x in funscope: 11
This is the global x: 9
```

 그러나 당연히, 같은 이름 충돌은 버그가 되기 때문에 가능하면 피해야 한다.

변수에 대해 새로운 지역 바인딩을 생성하려면 let 블록을 사용하자. 다음 코드를 실행해보자.

```
anon = cell(2)  # returns 2-element Array{Any,1}: #undef #undef
for i = 1:2
    anon[i] = ()-> println(i)
    i += 1
end
```

anon[1]과 anon[2]는 이름 없는 함수다. anon[1]()과 anon[2]()를 호출하면, 2와 3이 출력된다(함수를 생성하고 i 값에 1을 더했다.). 함수를 생성할 때, i 값을 유지하려면 어떻게 해야 할까? 이때 let를 사용해서 코드를 변경해보자.

```
anon = cell(2)
for i = 1:2
    let i = i
        anon[i] = ()-> println(i)
    end
    i += 1
end
```

지금은 anon[1](), anon[2]()가 1, 2를 각각 출력한다. let는 함수를 생성할 때, i 값을 그대로 유지하게 한다.

let 명령문도 새로운 유효범위를 만든다. 예를 들어, begin과 같이 사용해보자.

```
begin
    local x = 1
    let
        local x = 2
        println(x) #> 2
    end
    x
    println(x) #> 1
end
```

for 반복문과 컴프리헨션은 반복값에 대해 다른 유효범위를 가진다. for 반복문 전에 i를 0으로 초기화하고 for i=1:10을 실행하면 i는 10이 된다.

```
i = 0
for i = 1:10
end
println(i)  #> 10
```

[i for i = 1:10]과 같은 컴프리헨션을 실행한 후에도 변수 i는 0으로 변하지 않는다.

```
i = 0
[i for i = 1:10 ]
println(i)  #> 0
```

태스크

줄리아에는 실행하는 태스크에 대한 기본 시스템이 있는데 이를 코루틴^{coroutine}이라한다. 태스크를 사용하면, 값을 생성하는 계산(produce 함수로)은 태스크로서 대기하도록 하지만, 소비자^{consumer} 태스크는 값을 가져올 수 있다(consume 함수로). 파이썬에서의 yield 키워드와 유사하다.

구체적인 예제로, n번째 피보나치 수를 계산하는 함수 fib_producer를 살펴보자(3장, '함수'의 '재귀 함수' 절을 참조한다.). 이 함수는 피보나치 수를 반환하지 않고 생산한다^{produce}

```
# Chapter 4\tasks.jl 코드
function fib_producer(n)
    a, b = (0, 1)
    for i = 1:n
        produce(b)
        a, b = (b, a + b)
    end
end
```

이 함수를 fib_producer(5)와 같이 호출하면 무기한으로 대기한다. 대신, 아규먼트 없는 함수를 입력받는 태스크를 호출한다.

```
tsk1 = Task( () -> fib_producer(10) )
```

그러면 Task (runnable) @0x0000000005696180을 출력한다. 태스크 상태는 실행 가능runnable이다. 피보나치 수를 구하기 위해, 태스크가 nothing을 반환할 때까지 태스크를 consume 함수로 호출한다. 태스크는 끝나고, 상태는 완료(done)가 된다.

```
consume(tsk1) #=> 1
consume(tsk1) #=> 1
consume(tsk1) #=> 2
consume(tsk1) #=> 3
consume(tsk1) #=> 5
consume(tsk1) #=> 8
consume(tsk1) #=> 13
consume(tsk1) #=> 21
consume(tsk1) #=> 34
consume(tsk1) #=> 55
consume(tsk1) #=> nothing # Task (done) @0x0000000005696180
```

fib_producer 함수를 produce 호출로 여러 번 반환한다면, fib_producer를 호출하는 사이에 각 태스크의 실행은 대기suspended가 되며 소비자consumer로 조절된다.

같은 결과를 for 반복문에서 좀 더 쉽게 소비할 수 있다. 반복문 변수는 하나 하나 생산된 값이 된다.

```
for n in tsk1
    println(n)
end
```

1 1 2 3 5 8 13 21 34 55를 생산한다.

Task 생성자는 아규먼트가 없는 함수가 될 수 있다. () -> fib_producer(10)과 같이 이름 없는 함수로 작성할 수 있는 이유다.

매크로 @task로 같은 작업을 할 수 있다.

```
tsk1 = @task fib_producer(10)
```

produce와 consume 함수는 좀 더 기본적인 함수 yieldto를 호출한다. 코루틴은 다른 스레드에서 실행되지 않기 때문에, 다른 CPU에서도 실행되지 않는다. 일단 코루틴을 실행하면, 언어 런타임은 코루틴들을 전환한다. 내부 스케줄러는 실행 가능 태스크 대기열^{queue}을 관리하고, 데이터를 기다리거나 들어오는 이벤트를 기반으로 코루틴들을 전환한다.

태스크는 하나의 스레드로 협력하는 멀티태스킹의 형태로 여겨진다. 태스크 간 전환은 일반 함수 호출과 달리, 스택 공간을 소비하지 않는다. 일반적으로 태스크는 매우 낮은 부가 작업을 가진다. 필요하다면 태스크를 많이 사용할 수 있다. 줄리아에서 예외 처리는 많은 접속 연결을 받는 서버뿐 아니라 태스크를 사용해 구현되었다(8장, 'I/O, 네트워킹, 병렬 컴퓨팅'의 'TCP 소켓과 서버 작업' 절을 참고한다.).

줄리아의 병렬 처리는 8장, 'I/O, 네트워크, 병렬 컴퓨팅'의 '병렬 연산과 컴퓨팅' 절에서 살펴본다.

요약

이번 장에서는 if, while 같은 다른 제어 구조를 다루었고, try/catch로 예외를 처리하는 방법과 사용자 예외를 발생시키는 방법을 설명했다. 미묘한 유효범위 특성을 살펴봤고 태스크에 대한 코루틴을 사용해봤다. 다음 장 '컬렉션 타입'에서는 여러 원소로 구성된 좀 더 복잡한 타입을 다루겠다.

5
컬렉션 타입

프로그램에서 값을 모아두는 컬렉션을 많이 사용한다. 줄리아는 다양한 기본 컬렉션 타입을 제공한다. 2장, '변수, 타입, 연산'에서는 중요한 타입 배열과 튜플을 이미 다루었다. 이번 장에서는 다중 배열(매트릭스)과 튜플에 대해 좀 더 깊게 살펴본다. 현대 프로그래밍 언어에서 키로 값을 찾을 수 있는 딕셔너리 타입의 활용도는 매우 높다. 줄리아도 딕셔너리를 지원한다. 마지막으로, 셋^{set} 타입에 대해 다루어본다. 배열처럼 모든 타입을 매개화할 수 있기 때문에 객체를 생성할 때, 원소의 타입을 명시한다.

컬렉션은 반복형^{iterable} 타입이다. for문으로 반복할 수 있는 타입과 컬렉션의 각 원소를 연속적으로 생성하는 반복자^{iterator}는 모두 반복형 타입이다. 문자열, 범위, 배열, 튜플, 셋은 반복형 타입에 속한다.

이번 장에서는 다음 주제를 다룬다

- 매트릭스^{Matrix}
- 튜플^{Tuple}
- 딕셔너리^{Dictionary}
- 셋^{Set}
- 예제: 단어 빈도

매트릭스

줄리아에서 배열은 벡터Vector라 하며 표기법 [1, 2, 3]으로 생성한다. 다음 그림처럼, 이 표기법은 배열의 특정 타입으로 나타낸다.

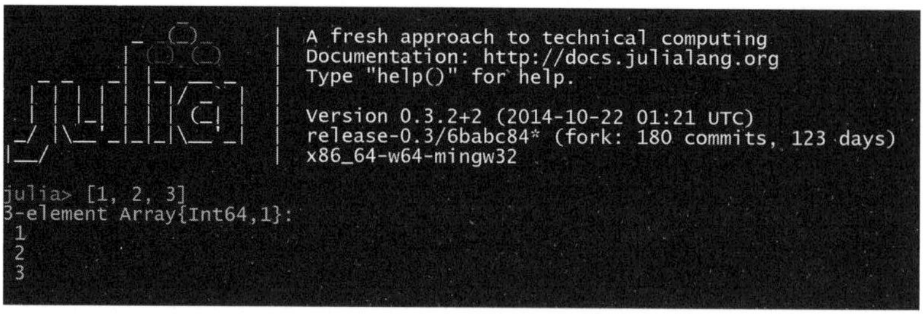

행row 벡터 (1 2 3)을 생성하려면, 콤마 대신 스페이스로 표기법 [1 2 3]을 사용한다. 이 배열의 타입은 1 x 3 Array{Int64,2}이며, 2차원이다([1, 2, 3]에서 스페이스는 가독성을 높이고자 사용했다. [1,2,3]으로 쓸 수도 있다.).

매트릭스는 2차원 이상 배열이다(보통, 매트릭스는 2차원을 말한다.). 다음처럼 생성한다.

```
Array{Int64, 1} == Vector{Int64} #> true
Array{Int64, 2} == Matrix{Int64} #> true
```

매트릭스는 데이터 과학이나 수치 프로그래밍에서 널리 사용하기 때문에, 줄리아도 매트릭스에 대해 풍부한 기능을 지원한다.

매트릭스를 생성하려면 열에 대한 값은 스페이스로 구분하며, 행은 세미콜론으로 구분한다.

```
# Chapter 5\matrices.jl 코드
matrix = [1 2; 3 4]
    2x2 Array{Int64,2}:
    1 2
    3 4
```

처음에 다루었던 열 벡터도 [1; 2; 3]으로 작성할 수 있지만, 콤마와 세미콜론을 같이 사용할 수 없다.

매트릭스의 특정 원소에서 값을 구하려면, 열과 행 인덱스가 필요하다. 예를 들면, matrix[2, 1]은 3을 반환한다(두 번째 행, 첫 번째 열).

같은 표기법으로, [1 2] * [3 4]를 계산하려면 [1 2] * [3; 4]로 매트릭스 곱product을 계산할 수 있다. 그 결과는 11이다(1 * 3 + 2 *4와 같다.).

3개의 행과 5개의 열로 된 0과 1 사이에 무작위 수 매트릭스를 생성하려면, ma1 = rand(3, 5)를 사용한다. 다음은 그 결과다.

```
3x5 Array{Float64,2}:
0.0626778 0.616528 0.60699  0.709196 0.900165
0.511043  0.830033 0.671381 0.425688 0.0437949
0.0863619 0.621321 0.78343  0.908102 0.940307
```

ndims 함수는 매트릭스의 차원을 반환한다. 다음 예를 보자.

```
julia> ndims(ma1) #> 2
julia> size(ma1) #> 차원을 튜플 (3, 5)로 반환한다.
```

행(3)을 구하기 위해, 다음 함수를 사용한다.

```
julia> size(ma1,1) #> 3
```

열(5)을 다음처럼 구한다.

```
julia> size(ma1,2) #> 5
julia> length(ma1) #> 15개 원소
```

nrows, ncols = size(ma)는 매트릭스 ma에 대해 행 수는 nrow, 열 수는 ncols에 대입한다.

대각은 1이고 나머지는 모두 0인 단위 매트릭스identity matrix가 필요한 경우, 3×3 매트릭스를 만들려면 eye 함수에 아규먼트 3을 넣는다.

```
idm = eye(3)
```

```
3x3 Array{Float64,2}:
1.0 0.0 0.0
0.0 1.0 0.0
0.0 0.0 1.0
```

다음과 같이 파이썬과 NumPy에서 유사하게 사용하는 슬라이스^{slice}로 매트릭스의 일부를 다룰 수 있다.

- `idm[1:end, 2]`나 간단하게 `idm[:, 2]`는 두 번째 열을 반환한다.
- `idm[2, :]`는 두 번째 행을 반환한다.
- `idmc = idm[2:end, 2:end]`는 다음과 같이 출력한다.

  ```
  2x2 Array{Float64,2}
      1.0 0.0
      0.0 1.0
  ```

- `idm[2, :] = 0`은 두 번째 행을 모두 0으로 저장한다.
- `idm[2:end, 2:end] = [ 5 7 ; 9 11 ]`은 다음과 같은 전체 매트릭스를 변경한다.

  ```
  1.0 0.0 0.0
  0.0 5.0 7.0
  0.0 9.0 11.0
  ```

줄리아 0.3 버전에서, 모든 슬라이스 연산은 원본 매트릭스를 복사해 반환한다. 예를 들어, 이전 예제에서 `idmc`를 변경하면 `idm`은 변경되지 않는다. 매트릭스를 복사하는 대신, `idm`의 뷰^{view}를 사용하려면 `sub` 함수를 사용한다(세부사항은 ?sub를 참고한다.).

배열 안에 배열^{jagged array}을 생성하려면, `jarr = fill(Array(Int64,1),3)`을 사용한다. 모든 원소를 배열로 초기화한다. 이를테면 다음과 같다.

```
jarr[1]=[1,2]
jarr[2]=[1,2,3,4]
jarr[3]=[1,2,3] jarr #=>
3-element Array{Array{Int64,1},1}:
[1,2]
```

```
[1,2,3,4]
[1,2,3]
```

[1 2; 3 4]인 매트릭스 ma의 전치^transpose 매트릭스는 [1 3; 2 4]다.

```
ma: 1 2                           ma' 1 3
    3 4                               2 4
```

(ma'는 transpose(ma)의 연산자 표기다.)

매트릭스 곱인 ma * ma'는 Array{Int64,2} 타입의 2×2 매트릭스를 반환한다.

```
5 11
11 25
```

원소 단위 곱인 ma .* ma'는 Array{Int64,2} 타입의 2×2 매트릭스를 반환한다.

```
1 6
6 16
```

매트릭스 ma의 역^inverse 매트릭스는 inv(ma) 함수로 구한다. inv(ma)는 2 x 2 Array{Float64,2}를 반환한다.

```
-2.0 1.0
1.5 -0.5
```

ma * inv(ma)는 단위 매트릭스를 반환한다.

```
1.0 0.0
0.0 1.0
```

 특이(singular) 매트릭스의 역을 구하려면(잘 정의된 역이 없다면), 매트릭스 타입에 따라 LAPACKException이나 SingularException을 반환한다.

v = [1.,2.,3.], w = [2.,4.,6.]이고 두 개의 열로 이루어진 3×2 매트릭스를 만
들고자 하면, hcat(v, w)를 사용한다(수평 연결^{horizontal concatenation}). 다음은 그 결과다.

```
1.0 2.0
2.0 4.0
3.0 6.0
```

vcat(v, w) (수직 연결)는 6개 원소를 가진 1차 배열을 만든다. append!(v, w)와 같
은 결과다.

hcat은 벡터나 2차원(열)으로 매트릭스를 연결한다. 반면 vcat은 1차원(행)으로 연
결한다. 좀 더 일반적인 cat은 임의의 차원에서 다차원 배열을 연결하는 데 사용된다.

리터럴 표기법은 좀 더 간단하다. 같은 행을 가지는 두 매트릭스 a와 b를 매트릭스
c로 연결하기 위해, c = [a b]를 실행한다. b를 a의 오른쪽에 붙인다. a 밑에 b를 붙
이려면 c = [a; b]로 입력하며 c = [a, b]와 같다. 다음은 연결 예제다. a = [1 2;
3 4]와 b = [5 6; 7 8]이다.

a	b	c = [a b]	c = [a; b]	c = [a, b]
1 2 3 4	5 6 7 8	1 2 5 6 3 4 7 8	1 2 3 4 5 6 7 8	1 2 3 4 5 6 7 8

reshape 함수는 새로운 값의 차원으로 변경한다.

```
reshape(1:12, 3, 4) #> 1에서 12의 값을 가지는 3×4 배열을 반환한다.
3x4 Array{Int64,2}:
1 4 7 10
```

```
2 5 8 11
3 6 9 12
a = rand(3, 3) #> 3x3 Array{Float64,2} 생성
3x3 Array{Float64,2}:
0.332401 0.499608 0.355623
0.0933291 0.132798 0.967591
0.722452 0.932347 0.809577
reshape(a, (9,1)) #> a 9x1 Array{Float64,2} 생성
9x1 Array{Float64,2}:
0.332401
0.0933291
0.722452
0.499608
0.132798
0.932347
0.355623
0.967591
0.809577
reshape(a, (2,2)) #> 실패
ERROR: DimensionMismatch("new dimensions (2,2) must be consistent with
array size 9")
```

배열 안에 있는 배열을 다룰 때, 상위 배열은 포함한 배열에 대한 참조를 가진다는
것을 인식해야 한다. 배열을 복사하고자 한다면, copy() 함수를 사용할 수 있으나,
포함한 배열의 참조만을 복사하는 '얕은 복사shallow copy'를 생성한다. 값까지 완전히
복사하려면 deepcopy() 함수를 사용해야 한다.

다음은 명확한 예제다.

```
x = cell(2) #> 2-element Array{Any,1}: #undef #undef
x[1] = ones(2) #> 2-element Array{Float64} 1.0 1.0
x[2] = trues(3) #> 3-element BitArray{1}: true true true
x #> 2-element Array{Any,1}: [1.0,1.0] Bool[true,true,true]
a = x
b = copy(x)
c = deepcopy(x)
# x를 변경한다:
```

```
x[1] = "Julia"
x[2][1] = false
x #> 2-element Array{Any,1}: "Julia" Bool[false,true,true]
a #> 2-element Array{Any,1}: "Julia" Bool[false,true,true]
is(a, x) #> true, a는 x와 일치한다.
b #> 2-element Array{Any,1}: [1.0,1.0] Bool[false,true,true]
is(b, x) #> false, b는 a의 얕은 복사다.
c #> 2-element Array{Any,1}: [1.0,1.0] Bool[true,true,true]
is(c, x) #> false
```

a의 값은 변경 후에도 그대로 x와 일치한다. 메모리에서 같은 객체를 가리키고 있기 때문이다. 깊은 복사^{deep copy}를 한 c도 x와 일치한다. b의 값도 x에 포함된 배열이 변화하면 같이 변경된다. 포함된 배열이 같은 배열이다.

성능 면에서 고정된 배열이 빠르다. 크기를 안다면, 배열 arr은 처음부터 끝까지 접근한다. 다음과 같은 할당을 최적화하려면 sizehint로 컴파일러에게 명시한다.

sizehint(arr, 75) (버전 0.4 이후는 sizehint!(arr, 75)를 사용한다.)

성능을 높이기 위해 정적 크기, 변경 불가능 벡터, 벡터나 작은 매트릭스를 훨씬 빠르게 하는 ImmutableArrays 패키지의 매트릭스를 사용하는 것을 고려하자.

튜플

고정된 개수의 값을 콤마로 나누어 튜플^{Tuple}을 만든다. 괄호로 감싸는 것은 선택적이다. 값의 타입은 같을 수 있지만 꼭 같지 않아도 된다. 배열과 달리 튜플은 여러 가지 타입의 값을 가질 수 있다. 튜플은 이종^{heterogeneous} 컨테이너인 반면, 배열은 동종^{homogeneous} 컨테이너다. 튜플의 타입은 튜플이 가진 값의 타입이다. 이런 의미에서, 튜플은 배열과 반대다. 그리고 튜플에서 값을 변경할 수 없다. 튜플은 변경 불가능이다.

2장, '변수, 타입, 연산'에서 튜플로 빠른 대입^{fast assignment}을 했다.

```
# Chapter 5\tuples.jl 코드
a, b, c, d = 1, 22.0, "World", 'x'
```

이 표현식은 a에 1, b에 22.0, c에 World, d에 x를 대입한다.

표현식은 튜플 (1, 22.0, "World", 'x')를 반환한다. 다음과 같이 REPL을 출력한다.

```
julia> a, b, c, d = 1, 22.0, "World", 'x'
(1,22.0,"World",'x')
```

이 튜플을 변수 t1에 대입하고 타입을 확인하면 다음과 같은 결과를 얻는다.

```
typeof(t1) #> (Int64,Float64,ASCIIString,Char)
```

사실, 함수의 아규먼트 리스트(3장, '함수'의 '함수 정의' 절을 참고한다.)도 튜플이다. 마찬가지로, 다수 값을 하나의 튜플로 묶어 반환할 수 있다. 변수 아규먼트 리스트와 함수를 사용하면 그 내부에는 튜플을 사용한다. ()는 빈 튜플이며, (1,)은 원소가 하나인 튜플이다. ('z', 3.14)::(Char, Float64)와 같이, 튜플 타입을 타입 애노테이션(2장, '변수, 타입, 연산'의 '타입' 절을 참고한다.)으로 명백하게 명시할 수 있다.

다음 코드는 배열과 같은 방법으로 인덱스 튜플을 사용할 수 있음을 보여준다. 꺾쇠괄호([]), 1부터 시작하는 인덱스, 슬라이싱, 인덱스 조절 등이다.

```
t3 = (5, 6, 7, 8)
t3[1] #> 5
t3[end] #> 8
t3[2:3] #> (6, 7)
t3[5] #> BoundsError
t3[3] = 9 #> Error: 'setindex' has no matching ...
author = ("Ivo", "Balbaert", 59)
author[2] #> "Balbaert"
```

튜플의 원소에 대해 반복하려면, for 반복문을 사용한다.

```
for i in t3
    println(i)
end # #> 5 6 7 8
```

튜플은 a, b = t3와 같이 풀거나^{unpack} 해체^{deconstruct}할 수 있다. a는 5이고, b는 6이다. 왼쪽에서 t3의 모든 값을 받지 않아도 오류가 발생하지 않는다. 모든 값을 각각 입력받으려면 a, b, c, d = t3를 사용한다.

다음 예제에서, author 튜플의 원소를 변수에 대입한다. first_name, last_name, age = author

튜플은 많은 것을 가능케 하는 간편하고 뛰어난 타입이다. 딕셔너리의 원소로서 튜플을 사용하는 것은 다음 절에서 볼 수 있다.

딕셔너리

유일한 키^{key}로 값을 저장하고 찾길 원할 때, 딕셔너리^{Dictionary} 타입 Dict(다른 언어에서는 해시^{hash}, 연관 배열^{associative collection}, 맵^{map}이라고도 한다.)를 사용할 수 있다. 기본적으로, (key, value) 형태의 두 원소 튜플 컬렉션이다. 리터럴 값으로 딕셔너리 d1을 정의하려면, 다음과 같은 구문을 사용한다.

```
# Chapter 5\dicts.jl 코드
d1 = [1 => 4.2, 2 => 5.3]
```

두 원소 1 => 4.2 2 => 5.3을 가지는 Dict{Int64,Float64}를 반환한다. 두 키-값 튜플은 (1, 4.2)와 (2, 5.3)이다. 키는 => 심볼의 왼쪽, 값은 오른쪽이며, 튜플에서는 콤마로 나눈다. [ ]는 타입형 딕셔너리를 나타낸다. 모든 키는 같은 타입이며, 값도 같은 타입이어야 한다. 다음과 같이 동적으로 딕셔너리를 정의할 수 있다.

- d1 = {1 => 4.2, 2 => 5.3}은 Dict{Any,Any}다.
- d2 = {"a" => 1, (2,3) => true}는 Dict{Any,Any}다.

키 간, 값 간의 공통 타입을 찾을 수 없을 때, Any로 추론한다. 일반적으로, type{Any, Any}를 가진 딕셔너리는 JIT 컴파일러가 원소의 정확한 타입을 알 수 없기 때문에 성능이 낮다. 그러므로 성능이 중요한 부분에서 딕셔너리 타입을 명시해야 한다. (키, 값)은 키 순으로 반환하지 않는다. 키가 Char, String 타입이면, 키 타입으로 심볼을 사용할 수 있다. 심볼은 변경 불가능이기 때문에 좀 더 적절하다. 예를 들면, d3 = [:A => 100, :B => 200]은 Dict{Symbol,Int64}다.

해당 값을 가져오기 위해 인덱스로서 키와 꺾쇠괄호(⁅⁆)를 사용한다. d3[:B]는 200을 반환한다. 그러나 반드시 키가 있어야 하며, 그렇지 않으면 오류가 발생한다. d3[:Z]는 ERROR: key not found: :Z를 반환한다. 이를 피하기 위해, get 메소드를 사용하면 오류 대신 기본값을 반환한다. get(d3, :Z, 999)는 999를 반환한다.

키에 심볼로 필드 이름을 저장하는 딕셔너리는 객체와 유사하다.

```
dmus = [ :first_name => "Louis", :surname => "Armstrong",
   :occupation => "musician", :date_of_birth => "4/8/1901" ]
```

다음과 같이 in을 사용해서 (키, 값) 튜플이 있는지 확인할 수 있다.

- in((:Z, 999), d3) 또는 (:Z, 999) in d3는 false를 반환한다.
- in((:A, 100), d3) 또는 (:A, 100) in d3는 true를 반환한다.

딕셔너리는 변경 가능하다. d3[:A] = 150을 실행하면 d3에 있는 :A의 값을 150으로 변경한다. 새로운 키라면, 딕셔너리에 튜플을 추가한다.

```
d3[:C] = 300
```

d3는 [:A => 150, :B => 200, :C => 300]이며 3개의 원소를 가진다. length(d3)는 3을 반환한다.

d4 = Dict()는 Any 타입의 빈 딕셔너리다. d3와 같은 방법으로 사용할 수 있다.

d5 = Dict{Float64, Int64}()는 키 타입이 Float64이고 값 타입이 Int64인 빈 딕셔너리다. 예상하듯이, 다른 타입의 키나 값을 넣으면 오류가 발생한다. 5["c"] = 6은 ERROR: 'convert' has no method matching convert(::Type{Float64}, ::ASCIIString)을 반환하며, d3["CVO"] = 500은 ERROR: CVO is not a valid key for type Symbol을 반환한다.

컬렉션에서 키로 원소를 삭제하는 것은 꽤 단순하다. delete!(d3, :B)는 딕셔너리에서 (:B, 200)을 제거하고, :A => 100만 포함한 컬렉션을 반환한다.

키와 값: 반복

딕셔너리의 키만 구하려면, `ki = keys(d3)`와 같이 `keys` 함수를 사용한다. `ki`는 `KeyIterator` 객체로, 다음과 같이 `for` 반복문을 사용할 수 있다.

```
for k in keys(d3)
    println(k)
end
```

A와 B를 출력한다. 키의 존재 여부를 확인하는 쉬운 방법은 `in`을 사용하는 것이다. 예를 들면, `:A in keys(d3)`는 `true`를 반환하고 `:Z in keys(d3)`는 `false`를 반환한다.

`haskey(d3, :A)`도 같은 역할을 하며, `true`를 반환한다. 키 배열을 사용하려면, `collect(keys(d3))`를 사용한다. `:A`와 `:B`를 포함한 `Array{Symbol,1}`을 반환한다. 값을 구하려면, `vi = values(d3)`와 같이 `values` 함수를 사용한다. `vi`는 `ValueIterator` 객체이며 `for` 반복문을 사용할 수 있다.

```
for v in values(d3)
    println(v)
end
```

100과 200을 반환하며, 반환하는 값이나 키의 순서는 정해지지 않는다.

키 배열과 값 배열로 딕셔너리를 만드는 것은 매우 쉽다. `Dict` 생성자를 사용할 수 있기 때문이다.

```
keys1 = ["J.S. Bach", "Woody Allen", "Barack Obama"]
values1 = [1685, 1935, 1961]
```

`d5 = Dict(keys1, values1)`은 다음과 같은 세 원소를 가지는 `Dict{ASCIIString,Int64}`를 반환한다.

```
d5 = ["J.S. Bach" => 1685, "Woody Allen" => 1935, "Barack Obama" => 1961]
```

반복문으로 키와 값을 사용하는 것도 쉽다.

```
for (k, v) in d5
    println("$k was born in $v")
end
```

다음과 같은 결과를 출력한다.

```
J.S. Bach was born in 1685
Barack Obama was born in 1961
Woody Allen was born in 1935
```

다른 방법으로, d5의 모든 튜플 (키, 값)에서 인덱스를 사용할 수 있다.

```
for p in d5
    println("$(p[1]) was born in $(p[2])")
end
```

다음과 같은 키-값 쌍이 단순 배열로 되어 있다고 하자.

```
dpairs = ["a", 1, "b", 2, "c", 3]
```

그러면 이 배열을 가지고 다음과 같은 컴프리헨션으로 딕셔너리를 생성할 수 있다.

```
d6 = [dpairs[i] => dpairs[i+1] for i in 1:2:length(dpairs)]
```

여기서, 1:2:length(dpairs)는 2씩 증가해 배열을 지나간다. i는 1, 3, 5가 된다.

타입을 넣고자 한다면 다음과 같이 (String => Int64) 접두사를 사용한다.

```
d6 = (String => Int64)[dpairs[i] => dpairs[i+1] for i in
1:2:length(dpairs)]
```

다음은 기본 함수 factor로 딕셔너리를 사용하는 좋은 예제다. 함수 factor는 정수를 입력받고 키인 소수와 값인 곱 횟수를 가진 딕셔너리를 반환한다.

```
function showfactor(n)
    d = factor(n)
    println("factors for $n")
    for (k, v) in d
```

```
        print("$k^$v\t")
    end
end
```

`@time showfactor(3752)`는 다음과 같은 내용을 출력한다.

```
factors for 3752
7^1 2^3 67^1 elapsed time: 0.000458578 seconds (2472 bytes allocated)
```

좀 더 깔끔한 방법도 있다. dict는 딕셔너리다.

- 리스트 컴프리헨션으로 딕셔너리의 키를 배열로 복사하기

  `arrkey = [key for (key, value) in dict]`

  `collect(keys(dict))`와 같다.

- 리스트 컴프리헨션으로 딕셔너리의 값을 배열로 복사하기

  `arrval = [value for (key, value) in dict]`

  `collect(values(dict))`와 같다.

- 키가 1부터 시작해 n까지일 때, 딕셔너리에서 n까지 값 배열을 만든다.

  `arrn = [dict[i] for i = 1:n]`

  맵으로 `arrn = map((i) -> dict[i], [1:n])`과 같이 작성할 수 있다.

줄리아 0.4부터 다음과 같은 리터럴 구문이나 Dict 생성자는 없어진다.[1]

```
d1 = [1 => 4.2, 2 => 5.3]
d2 = {"a"=>1, (2,3)=>true}
capitals = (String => String)["France"=> "Paris", "China"=>"Beijing"]
d5 = Dict(keys1, values1)
```

다음과 같은 새로운 형태를 가진다.

```
d1 = Dict(1 => 4.2, 2 => 5.3)
d2 = Dict{Any,Any}("a"=>1, (2,3)=>true)
capitals = Dict{String, String}("France"=> "Paris", "China"=>"Beijing") #
```

---

1 http://docs.julialang.org/en/release-0.4/stdlib/collections/#Base.Dict를 참고한다. – 옮긴이

버전 0.4 이상
```
d5 = Dict(zip(keys1, values1))
```

 예제 파일인 dicts.jl의 모든 예제에 대해 이와 같은 출력을 한다. 두 버전에서 작동하는 패키지를 만드는 것은 어렵다. Compat 패키지(https://github.com/JuliaLang/Compat.jl)는 이를 해결하기 위해 만들어졌고, 경고 없이 두 버전에서 작동하는 호환성을 제공한다.

셋

배열의 원소는 순서가 있으며 다른 인덱스로 같은 값이 있을 수 있다. 딕셔너리에서 키는 유일하지만 값은 그렇지 않다. 또한 키는 순서가 없다. 순서에 상관없이 유일한 원소를 가지는 컬렉션이 필요하다면 셋^{set}을 사용한다. 셋 생성은 쉽다.

```
# Chapter 5\sets.jl 코드
s = Set({11, 14, 13, 7, 14, 11})
```

Set() 함수는 빈 셋을 만든다. 이전 명령은 중복을 제거한 Set{Int64}({7,14,13,11})을 반환한다. 버전 0.4부터 {} 표기법이 사라지고 s = Set(Any[11, 14, 13,7, 14, 11])을 사용해야 한다. 예제 코드 파일은 최신 버전을 사용하고 있다.

다양한 셋 연산이 있다. s1 = Set({11, 25}), s2 = Set({25, 3.14})라고 하자.

- union(s1, s2)는 Set{Any}({3.14,25,11})을 생성한다.
- intersect(s1, s2)는 Set{Any}({25})를 생성하다
- setdiff(s1, s2)는 Set{Any}({11})을 생성하는 반면, setdiff(s2, s1)은 Set{Any}({3.14})를 생성한다.
- issubset(s1, s2)는 false를 반환하지만 issubset(s1, Set({11, 25,36}))은 true를 반환한다.

원소 추가도 쉽다. push!(s1, 32)는 셋 s1에 32를 추가한다. 기존 원소 추가는 셋을 변경하지 않는다. 원소가 있는지 확인하려면 in을 사용한다. 예를 들면, in(32, s1)은 true를 반환하고 in(100, s1)은 false를 반환한다.

배열의 셋을 정의하려면 주의를 기울어야 한다. Set([1,2,3])은 정수 셋인 Set{Int64}({2,3,1})을 생성한다. 배열의 셋을 생성하려면, Set({[1,2,3]}을 사용한다. Set{Any}({[1,2,3]})을 반환한다.

셋은 순서에 상관없이 객체를 보관할 때 주로 사용한다. 이를테면, 그래프로 검색할 때, 방문한 노드를 피하기 위해 이미 방문한 노드를 저장하는 데 셋을 사용할 수 있다. 셋에 원소가 있는지 확인하는 것은 셋의 크기와 상관없다. 아주 큰 셋을 사용할 때 유용하다. 예를 들면 다음과 같다.

```
x = Set([1:100])
@time 2 in x # elapsed time 4.888e-6 seconds
x2 = Set([1:1000000])
@time 2 in x2 # elapsed time 5.378e-6 seconds
```

x보다 x2가 훨씬 크지만 두 테스트는 거의 같은 시간이 걸린다.

튜플의 셋 생성

st = Set{(Int, Int)}()와 같이 빈 셋을 생성할 수 있다.

그리고 push!로 셋에 넣는다. push!(st, (1,2))는 Set{(Int64,Int64)}({(1,2)})를 반환한다. 다른 방법은 []을 사용하는 것이다. 예를 들어, st2 = Set({(1, 2), (5, 6)})은 두 튜플 (1,2)와 (5,6)을 가진 셋을 생성한다.

좀 더 특화된 컨테이너를 사용하고자 한다면, Collections 모듈을 살펴보자. 이 모듈에는 낮은 단계의 힙heap 함수뿐만 아니라, 우선순위 큐priority queue도 있다.

예제: 단어 빈도

지금까지 다룬 다양한 개념과 기술을 작은 프로젝트에 적용해보자. 파일을 읽고, 단어와 상관없는 문자를 모두 삭제하고, 문서에서 남은 단어 빈도를 세는 작업이다. 예를 들어, 웹 페이지의 단어 밀도, DNA 시퀀스, 여러 IP 주소에서 들어오는 웹사이트 방문 수와 같은 분야에서 이 프로젝트는 유용하다. 10줄 정도 코드이면 충분하다. 예를 들어 words1.txt 파일에 다음 to be, or not to be, that is the question! 문장이 있으면, 프로그램의 결과는 다음과 같다.

```
Word : frequency

be : 2
is : 1
not : 1
or : 1
question : 1
that : 1
the : 1
to : 2
```

다음은 코드다.

```julia
# chapter 5\word_frequency.jl 코드
# 1- 파일 읽기
str = readall("words1.txt")
# 2- 알파벳이 아닌 문자를 스페이스로 대체
nonalpha = r"(\W\s?)" # 정규 표현식 정의
str = replace(str, nonalpha, ' ')
digits = r"(\d+)"
str = replace(str, digits, ' ')
# 3- 문서를 단어로 나누기:
word_list = split(str, ' ')
# 4- 단어와 그 빈도를 딕셔너리로 만든다
word_freq = Dict{String, Int64}()
for word in word_list
    word = strip(word)
```

```
    if isempty(word) continue end
    haskey(word_freq, word) ?
        word_freq[word] += 1 :
        word_freq[word] = 1
end
# 5- 단어 정렬과 빈도 출력
println("Word : frequency \n")
words = sort!(collect(keys(word_freq)))
for word in words
    println("$word : $(word_freq[word])")
end
```

isempty 함수는 모든 컬렉션에 사용할 수 있는 꽤 일반적인 함수다.

예제 문서 파일을 words1.txt나 words2.txt로 실행해보고 results_words1.txt와 results_words2.txt에서 결과를 확인해보자.

요약

이번 장에서는 줄리아에서 제공하는 기본 컬렉션을 살펴봤다. 이 과정을 통해 매트릭스의 강력함, 딕셔너리의 우아함, 튜플과 셋의 유용함을 확인할 수 있었다. 하지만 줄리아의 핵심을 보기 위해서는 새로운 타입을 정의하는 방법과 코드를 구성하기 위한 필수 개념을 알아야 한다. 그리고 타입을 생성하는 방법과 멀티플 디스패치에서 사용되는 방법도 알아야 한다. 다음 장에서는 이러한 주요 주제와 타입보다 좀 더 상위에서 코드를 구성하는 모듈을 다룬다.

6

타입, 메소드, 모듈

줄리아는 풍부한 타입을 가지고 있으며, `Array{Float64, 2}`나 `Dict{Symbol, Float64}`와 같이 대부분의 타입을 매개화할 수 있다. 변수 타입을 지정하는 것[typing]은 선택적이다. 정적으로 체크하지 않지만 일부 변수에 타입을 명시하면 C++, 자바, C#과 같은 정적 타입 시스템의 장점을 얻을 수 있다. 줄리아 프로그램은 타입을 명시하지 않아도 실행되기 때문에, 프로토타입 단계에서 매우 유용하면서도 빠르다. 그러나 타입 명시는 좀 더 특정한[specialized] 멀티플 디스패치를 사용해 성능(속도)을 향상시킬 수 있다. 더욱이, 함수 파라미터에 타입을 명시하면, 가독성과 코드의 이해를 높일 수 있다. 그리고 허용하지 않는 특정 타입에 대해서는 예외를 발생시키므로 프로그램의 강건함도 높인다. 이러한 오류를 테스팅 기간에 수정하거나 예외 처리로 다룬다.

줄리아의 모든 함수는 본질적으로 제네릭이거나 다형적[polymophic]이다. 즉, 함수는 아규먼트 타입에 따라 작동할 수 있다. 대부분의 메소드(아규먼트 타입을 명시한 함수 구현물)는 실행하기 위해 런타임에 선택된다. 이번 장에서 다루겠지만, 사용자 타입을 정의할 수 있으며, 줄리아는 제한된 추상 타입[abstract type]과 하위타입화[subtyping]를 제공한다.

사실, 이러한 주제는 이전 장에서 다루었다. 이를테면, 3장, '함수'의 '제네릭 함수와 멀티플 디스패치' 절을 참고하자. 이번 장에서는 이전 논의를 확대하면서 다음 주제를 살펴보자.

- 타입 애노테이션^{Annotation}과 변환^{Conversion}
- 타입 계층^{Hierarchy}: 하위타입^{Subtype}과 상위타입^{Supertype}
- 구상^{Concrete} 타입과 추상^{Abstract} 타입
- 사용자 타입과 복합^{Composition} 타입
- 타입 결합^{Union}
- 매개화^{Parametric} 타입
- 매개화 타입 메소드와 생성자^{Constructor} 메소드
- 표준 모듈^{Module}과 경로^{Path}

타입 애노테이션과 변환

이전에 살펴봤듯이, 타입 애노테이션^{Annotation}이란 변수에 :: 연산자를 붙여 타입을 정의하는 것이다. 이를테면, 함수를 정의할 때 function write(io::IO, s::String) #... end와 같다. 파라미터 io는 IO 타입이며, s는 String 타입이다. 즉, io는 IO 타입이어야 하며, s는 String 타입이어야 한다. :: 연산자의 왼쪽은 값, 오른쪽은 타입이며 만족하지 않으면 typeassert 오류가 발생한다. REPL에서 실행해보자.

```
# Chapter 6\conversions.jl 코드
(31+42)::Float64
```

실행하면 ERROR: type: typeassert: expected Float64, got Int64 같은 오류 메시지를 반환한다.

이는 멀티플 디스패치에 특정^{specialization} 메소드를 추가한다. 이것이 중요한 이유는 함수 시그니처^{signature}에서 타입 애노테이션을 사용하기 때문이다.

타입 선언은 다음과 같이 연산자 ::를 사용하며, 함수 내부와 같은 지역 유효범위에서 사용될 수 있다.

```
n::Int16 또는 local n::Int16 또는 n::Int16 = 5
```

n에 대입되는 모든 값은 내부적으로 convert 함수로 명시한 타입으로 변환^{Conversion}된다.

타입 변환과 프로모션

convert 함수를 명시적으로도 사용할 수 있다. 이를테면, convert(Int64, 7.0)은 7을 반환한다.

일반적으로, convert(Type, x)는 변환하고자 하는 Type의 인스턴스로 x를 변환한다. 대부분의 경우, 변환하고자 type을 이름으로 하는 type(x)로 변환할 수 있으며 이를테면 int64(7.0)과 같다.

그러나 변환되지 않는 경우도 있다.

- 정확성이 상실될 때: convert(Int64, 7.01)은 ERROR:InexactError() 오류 메시지를 반환하지만, int64(7.01)은 반올림해 정수에 가장 가까운 7을 반환한다.
- 변환 전후 값이 호환하지 않을 때: convert(Int64, "CV")는 ERROR: `convert` has no method matching convert(::Type{Int64}, ::ASCIIString) 오류 메시지를 반환한다.

마지막 오류 메시지는 어떻게 멀티플 디스패치가 작동하는지 보여준다. 입력 아규먼트 타입이 사용할 수 있는 함수와 매치되지 않는다.

convert 함수에 대해 새로운 메소드를 제공해 사용자 변환을 정의할 수 있다. 좀 더 자세한 내용은 http://docs.julialang.org/en/latest/manual/conversion-and-promotion/#conversion을 참고한다.

줄리아에는 자동 타입 프로모션^{automatic type promotion}이라는 시스템이 있어, 수학 연산에 대해 아규먼트의 타입을 조절해 공통의 타입으로 만든다. 이를테면, 4 + 3.14에서 정수 4를 Float64 값으로 변환해 두 값의 합은 7.140000000000001이다. 일반적으로, 프로모션^{Promotion}은 서로 다른 두 개의 타입 값을 변환해 하나의 공통 타입으로 변환하는 것을 말한다. promote 함수는 아규먼트를 입력받아 공통의 타입으로 변환한 튜플을 반환한다. 프로모션을 할 수 없으면 예외가 발생한다. 다음은 일부 예제다.

- promote(1, 2.5, 3//4)는 (1.0, 2.5, 0.75)를 반환한다.
- promote(1.5, im)은 (1.5 + 0.0im, 0.0 + 1.0im)을 반환한다.
- promote(true, 'c', 1.0)은 (1.0, 99.0, 1.0)을 반환한다.

수에 대한 자동 타입 프로모션으로, 다양한 타입 조합에 대해 + 연산자를 정의하지 않아도 된다. +(x::Number, y::Number) = +(promote(x,y)...)와 같이 정의한다.

아규먼트를 공통의 타입으로 변환하고 덧셈을 수행한다. 모든 수는 공통의 상위타입이 있다. 두 타입의 공통 프로모션 타입을 보려면 promote_type(Int8, Uint16)을 사용한다. 반환값은 Int64다.

이는 표준 라이브러리에 promote_rule 함수로 정의한 promote_rule(::Type{Int8}, ::Type{Uint16}) = Int64에 있기 때문이다.

줄리아에서는 base/promotion.jl 소스 코드에 정의되어 있다. 필요하다면, 사용자 타입에 대해 프로모션 규칙을 정의한다.

타입 계층: 하위타입과 상위타입

(Chapter 6\type_hierarchy.jl와 함께 보자.)

줄리아에서 모든 값은 타입을 가진다. 이를테면, typeof(2)는 Int64다(32비트 시스템에서는 Int32다.). 줄리아에는 다양한 기본 타입이 있고 전체 계층^{Hierarchy}에서 가장 상위에 Any 타입이 있다. 이 구조에서 모든 타입은 DataType이라는 타입을 가지고 있어 매우 일관적이다. typeof(Any), typeof(Int64), typeof(Complex{Int64}), typeof(DataType)은 모두 DataType을 반환한다. 줄리아에서 타입은 모두 객체이며, 아규먼트의 타입이 타입이 되는 튜플을 제외하고 모든 구상^{concrete} 타입은 DataType이다.

타입 계층은 트리와 같다. super 함수는 각 타입의 하나의 부모 타입을 반환한다.

- super(Int64)는 Signed를 반환한다.

- super(Signed)는 Integer를 반환한다.

- super(Integer)는 Real을 반환한다.

- super(Real)은 Number를 반환한다.

- super(Number)는 Any를 반환한다.

- super(Any)는 Any를 반환한다.

다음과 같이, subtypes 함수로 각 타입의 자식 타입들을 반환한다.

- subtypes(Integer)는 BigInt, Bool, Char, Signed, Unsigned인 5-element Array{Any,1}을 반환한다.

- subtypes(Signed)는 Int128, Int16, Int32, Int64, Int8인 5-element Array{Any,1}을 반환한다.

- subtypes(Int64)는 0-element Array{Any,1}을 반환한다.

하위타입Subtype을 명시하기 위해 연산자 <을 사용한다. Bool <: Integer와 Bool<: Any는 true를 반환하는 반면, Bool <: Char는 false를 반환한다. issubtype 함수와 동일하며 issubtype(Bool, Integer)는 true를 반환하지만 issubtype(Float64, Integer)는 false를 반환한다.

다음은 타입 트리를 시각화한 것이다.

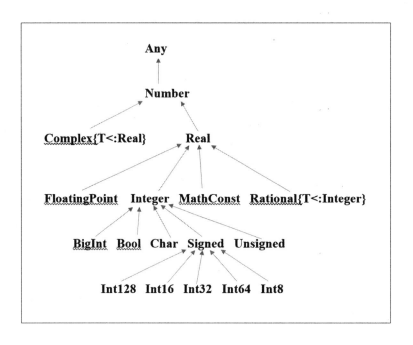

구상 타입과 추상 타입

이 계층에서 Number, Integer, Signed 등 일부 타입은 추상[Abstract]이다. 추상 타입은 구체적인 객체나 값이 없다. 반면, 객체나 값은 구상[Concrete] 타입으로, typeof(value)를 실행하면 Int8, Float64, UTF8String을 반환한다. 예를 들어, 값 5의 구상 타입은 Int64다. typeof(5)로 알 수 있다. 하지만 값은 상위타입[Supertype]을 가진다. 이를테면, isa(5, Number)는 true를 반환한다(2장, '변수, 타입, 연산'의 '타입' 절에서 isa를 소개했다.).

구상 타입은 하위타입이 없고 하나의 상위타입을 가질 수 있다.

개략적으로, 다음과 같은 차이점이 있다.

타입	인스턴스	하위타입
구상 타입	Y	N
추상 타입	N	Y

추상 타입(Number와 Real 같은)은 다수의 하위타입을 묶는 이름일 뿐이며, 타입 애노
테이션이나 배열 리터럴로 타입을 명시할 때 사용된다. 이러한 타입은 타입 계층에
서 노드이며, 타입 트리를 지원하는 중요한 요소다. 추상 타입은 필드를 가질 수
없다.

다음과 같은 명령어로, 줄리아 타입 트리를 시각화해 나타낸다.

```
julia julia_types.jl > tree.txt
```

다음은 출력의 일부다.

```
.     .     +- Integer << abstract immutable size:0 >>
.     .     .  +- Signed << abstract immutable size:0 >>
.     .     .     +- FileOffset = Int64 << concrete immutable
pointerfree size:8 >>
.     .     .     +- Cssize_t = Int64 << concrete immutable
pointerfree size:8 >>
.     .     .     +- Clonglong = Int64 << concrete immutable
pointerfree size:8 >>
.     .     .     +- Cchar = Int8 << concrete immutable pointerfree
size:1 >>
.     .     .     +- Clong = Int32 << concrete immutable pointerfree
size:4 >>
.     .     .     +- Cint = Int32 << concrete immutable pointerfree
size:4 >>
.     .     .     +- Int8 << concrete immutable pointerfree
size:1 >>
.     .     .     .  +- Integer64 =
Union(Uint16,Uint8,Int8,Uint32,Int16,Int64,Int32,Uint64)
.     .     .     .  +- SmallSigned = Union(Int8,Int16,Int32)
.     .     .     .  +- Signed64 = Union(Int8,Int16,Int64,Int32)
.     .     .     +- Int16 << concrete immutable pointerfree
size:2 >>
.     .     .     .  +- Integer64 =
Union(Uint16,Uint8,Int8,Uint32,Int16,Int64,Int32,Uint64)
.     .     .     .  +- SmallSigned = Union(Int8,Int16,Int32)
.     .     .     .  +- Signed64 = Union(Int8,Int16,Int64,Int32)
.     .     .     +- Coff_t = Int64 << concrete immutable
pointerfree size:8 >>
.     .     .     +- Int128 << concrete immutable pointerfree
size:16 >>
.     .     .     +- CommonReduceResult =
Union(Float32,Int128,Float64,Int64,Uint128,Uint64)
.     .     .     +- Cptrdiff_t = Int64 << concrete immutable
pointerfree size:8 >>
.     .     .     +- Int64 << concrete immutable pointerfree
size:8 >>
.     .     .     .  +- Integer64 =
Union(Uint16,Uint8,Int8,Uint32,Int16,Int64,Int32,Uint64)
```

추상 타입 Any는 모든 타입의 상위타입이다. 모든 객체는 Any의 인스턴스이기도
하다.

반대편 끝에는 None이 있다. 모든 타입은 None의 상위타입이며 객체가 없는 것은 None의 인스턴스다. None 타입은 값과 하위타입을 갖지 않으며, 이 타입을 쓸 일은 별로 없어 보인다.

None과 다른 것이 Nothing 타입이며 nothing이라는 값을 갖는다. 함수가 부가적으로 쓰일 때 사용하며, 형식적으로 nothing을 반환한다. println 함수에서 출력은 부가적인 작업이다.

```
x = println("hello") #> hello
x == nothing #> true
```

차기 버전 0.4에서 이러한 타입은 다르게 불려질 예정이다. None은 Union()이 되고, Nothing은 Void가 된다.

사용자 타입과 복합 타입

줄리아에서는 애플리케이션에서 사용할 데이터를 구조화하기 위해, 사용자 타입을 정의할 수 있다. 이를테면, 3차원 공간에서 사용할 점은 다음과 같이 Point를 정의할 수 있다.

```
# Chapter 6\user_defined.jl 코드
type Point
    x::Float64
    y::Float64
    z::Float64
end
```

Point 타입은 구상 타입이다. 이 타입의 객체는 p1 = Point(2, 4, 1.3)으로 생성할 수 있으며 하위타입은 없다. typeof(p1)은 Point (constructor with 2 methods)를 반환하며, subtypes(Point)는 0-element Array{Any,1}을 반환한다.

사용자 정의user-defined는 필드명으로 구성되어 있으며, 타입 애노테이션을 넣을 수도, 넣지 않을 수도 있다. 이를 복합Composition 타입이라 하며, 타입은 DataType이다.

필드명의 타입을 명시하지 않으면 Any다. 복합 타입은 C의 구조체나 자바의 메소드 없는 클래스와 유사하다.

object.func(args)로 객체의 함수를 호출하는 파이썬이나 자바와 같은 객체지향 언어와 달리, 줄리아는 func(object, args) 구문을 사용한다.

줄리아는 클래스가 없다(타입에 속한 함수를 가진 타입). 데이터와 함수는 별개다. 함수와 타입에 대한 메소드는 타입 밖에서 정의한다. 메소드는 하나의 타입에만 연결될 수 없다. 왜냐하면, 멀티플 디스패치는 타입과 메소드를 연결하기 때문이다. 타입에 대한 새로운 메소드를 추가할 때, 객체지향 언어에서 클래스의 코드에 추가하는 것과 달리, 타입 자체의 코드를 변경하지 않아도 되기 때문에 유연하다.

names 함수는 복합 타입에 속한 필드명을 반환한다. 이를테면, names(Point)나 names(p1)은 3-element Array{Symbol,1}: :x :y :z를 반환한다.

사용자 정의 타입은 두 개의 기본 생성자^{constructors}를 가진다. 하나는 각 아규먼트에 해당하는 타입을 가진 생성자이고, 다른 하나는 각 필드에 대한 아규먼트인 생성자다. Point의 메소드를 확인하려면 methods 함수를 사용한다. methods(Point)는 2 methods for generic function "Point": Point(x::Float64, y::Float64, z::Float64)와 Point(x ,y ,z)를 반환한다. 필드값은 Any 타입이 될 수 있다.

다음처럼 간단하게 객체를 생성할 수 있다.

```
orig = Point(0, 0, 0)
p1 = Point(2, 4, 1.3)
```

객체의 필드는 필드명으로 접근할 수 있다. p1.y는 4.0을 반환한다.

이런 타입의 객체는 변경 가능하다^{mutable}. 이를테면, p1.z = 3.14로 z 필드를 새로운 값으로 변경하면, p1은 Point(2.0, 4.0, 3.14)가 된다. 물론 타입을 체크하기 때문에 p1.z = "A"는 오류가 발생한다.

함수 내부에서 값이 변경될 수 있도록 함수의 아규먼트로서 객체를 참조로 전달한다^{passed by reference}(이를테면, 3장, '함수'의 '함수 정의' 절에서 다룬 함수 insert_elem(arr)을 상기해보자.).

객체를 변경할 수 없도록 하려면, type 대신 키워드 immutable을 사용한다.

```
immutable Vector3D
    x::Float64
    y::Float64
    z::Float64
end
```

p = Vector3D(1, 2, 3)을 호출하면 Vector3D(1.0, 2.0, 3.0)이 반환되고 p.y = 5는 ERROR: type Vector3D is immutable을 반환한다.

 변경 불가능(immutable) 타입은 성능을 향상한다. 줄리아는 이 타입에 대해 코드를 최적화하기 때문이다. 변경 불가능 타입의 또 다른 장점은 스레드에 안전하다는 점이다. 변경 불가능 객체는 동기화(synchronization) 없이 스레드에서 공유할 수 있다.

하지만 변경 불가능 타입도 배열과 같은 변경 가능한 필드를 포함할 수 있어 변경될 수 있다. 변경 가능한 필드 없이 변경 불가능 타입을 정의해야 한다.

일단, 정의한 타입은 변경할 수 없다. Int64 타입으로 변경하거나 다른 필드를 추가해 새로운 타입 Point를 정의하고자 하면, ERROR: invalid redefinition of constant TypeName 오류 메시지를 반환한다.

기존에 있는 타입과 정확히 같은 새로운 타입은 별칭[alias]으로 정의할 수 있다. 예를 들면, typealias Point3D Point다. 타입 Point3D의 객체는 p31 = Point3D(1, 2, 3)으로 생성하며, Point(1.0, 2.0, 3.0)을 반환한다. 줄리아도 내부적으로 typealias를 사용한다. 별칭 Int는 사용하는 컴퓨터 구조에 따라 Int64나 Int32다.

두 값, 두 객체는 언제 같거나 동일한가

두 값이 같은지[equal] 체크하려면, == 연산자를 사용한다. 예컨대, 5 == 5와 5 == 5.0은 모두 true다. 두 객체 x와 y가 동일한지[identical] 확인하기 위해, 불린 값인 true와 false를 반환하는 is 함수를 사용해 비교해야 한다.

```
is(x, y) -> Bool
```

is(x, y) 함수는 ===과 같다.

숫자와 같은 객체는 변경 불가능하고 비트 단위에서 비교할 수 있다. is(5, 5)는 true를 반환하고, is(5, 5.0)은 false를 반환한다.

문자열, 배열, 객체와 같은 복합 타입으로 생성한 약간 더 복잡한 객체의 경우, 객체가 같은 메모리 위치를 참조하는지 확인하기 위해 메모리 주소를 비교한다. 예를 들어, q = Vector3D(4.0, 3.14, 2.71)과 r = Vector3D(4.0, 3.14, 2.71)은 is(q, r)에서 false를 반환한다.

멀티플 디스패치 예제

회사에서 일하는 직원을 예제로 해서 멀티플 디스패치를 살펴보자. 추상 타입 Employee와 하위타입 Developer를 정의한다.

```
abstract Employee
type Developer <: Employee
    name::String
    iq
    favorite_lang::String
end
```

추상 타입으로 객체를 생성할 수 없다. Employee()를 호출하면 ERROR: type cannot be constructed 오류 메시지가 반환된다.

Developer 타입은 두 개의 명시적인 생성자를 가지는데, 다음과 같이 기본 생성자를 사용한 외부 생성자outer constructor를 정의할 수 있다.

```
Developer(name, iq) = Developer(name, iq, "Java")
```

외부 생성자는 객체를 생성하는 편리한 추가적인 메소드를 제공한다. 다음과 같이 두 개발자 객체를 생성해보자.

- devel1 = Developer("Bob", 110)은 Developer("Bob",110,"Java")를 반환한다.
- devel2 = Developer("William", 145, "Julia")는 Developer("William",145,"Julia")를 반환한다.

마찬가지로, 타입 Manager를 정의하고 다음과 같이 객체를 생성하자.

```
type Manager
    name::String
    iq
    department::String
end
man1 = Manager("Julia", 120, "ICT")
```

Developer와 Manager는 구상 타입으로 하위타입을 만들 수 없다.

```
type MobileDeveloper <: Developer
    platform
end
```

이는 ERROR: invalid subtyping in definition of MobileDeveloper를 반환한다.

함수 cleverness를 cleverness(emp::Employee) = emp.iq로 정의하면 cleverness(devel1)은 110을 반환하지만, cleverness(man1)은 ERROR: `cleverness` has no method matching cleverness(::Manager)와 같은 오류 메시지를 반환한다. 함수는 manager에 대한 메소드가 없다.

다음 아규먼트 타입을 가진 함수 cleverer를 만든다.

```
function cleverer(d::Developer, e::Employee)
    println("The developer $(d.name) is cleverer I think!")
end
```

cleverer(devel1, devel2) 함수는 "The developer Bob is cleverer I think!"를 출력한다(명확한 함수를 지금 구현하지 않지만, 개발자는 항상 똑똑하다고 생각하는 경향이 있다.). devel2는 employee이기 때문에 메소드를 매치한다. 그러나 cleverer(devel1, man1)은 ERROR: `cleverer` has no method matching cleverer(::Developer, ::Manager) 오류 메시지를 출력하는데, manager는 employee가 아니기 때문에, 이러한 시그니처를 가진 메소드는 정의되어 있지 않다.

다음과 같이 cleverer에 대한 다른 메소드를 정의해보자.

```
function cleverer(e::Employee, d::Developer)
    if e.iq <= d.iq
        println("The developer $(d.name) is cleverer!")
    else
        println("The employee $(e.name) is cleverer!")
    end
end
```

모호함^{ambiguity}이 발생한다. 줄리아는 정의에서 문제를 발견해 다음과 같은 경고를 보내준다.

```
Warning: New definition
    cleverer(Employee,Developer) at none:2
is ambiguous with:
    cleverer(Developer,Employee) at none:2.
To fix, define
    cleverer(Developer,Developer)
before the new definition.
```

모호함은 이렇다. e를 Developer로 cleverer를 호출한다면, 두 정의된 메소드 중 어느 것을 선택해야 하는가? 줄리아는 프로그램적인 관점을 가지며, cleverer(devel1, devel2)는 같은 결과를 만든다. 그러나 다음과 같이 좀 더 구체적인(정확한) 메소드를 정의한다.

```
function cleverer(d1::Developer, d2::Developer)
    if d1.iq <= d2.iq
        println("The developer $(d2.name) is cleverer!")
    else
        println("The developer $(d1.name) is cleverer!")
```

```
        end
end
```

`cleverer(devel1, devel2)`와 `cleverer(devel2, devel1)`은 "The developer William is cleverer!"를 출력한다. 이 예제는 멀티플 디스패치를 설명한다. 메소드를 정의할 때, 좀 더 구체적인 정의(두 번째 정의)를 선택한다. 좀 더 구체적이라는 의미는 아규먼트에 대해 구체적인 타입 애노테이션을 가진 메소드를 뜻한다. 좀 더 구체적이라는 것은 하위타입뿐만 아니라 타입 별칭을 사용한다는 의미이기도 하다.

 겹치는 경우에 대해 적절한 메소드를 명시해 메소드 모호함을 피한다.

타입과 컬렉션: 내부 생성자

다음은 기본 생성자로 생성하는 타입 예제다.

```
# Chapter 6\inner_constructors.jl 코드
type Person
    firstname::String
    lastname::String
    sex::Char
    age::Float64
    children::Array{String, 1}
end
p1 = Person("Alan", "Bates", 'M', 45.5, ["Jeff", "Stephan"])
```

이 예제는 객체가 배열이나 딕셔너리와 같은 컬렉션을 포함할 수 있음을 보여준다. 사용자 타입을 기본 타입 컬렉션에도 저장할 수 있다.

```
people = Person[]
```

0-element Array{Person,1}을 반환한다.

```
push!(people, p1)
push!(people, Person("Julia", "Smith", 'F', 27, ["Viral"]))
```

show(people) 함수는 다음과 같은 결과를 반환한다.

```
[Person("Alan","Bates",'M',45.5,String["Jeff","Stephan"]),
Person("Julia","Smith",'F',27.0,String["Viral"])]
```

타입 Person에 fullname 함수를 정의할 수 있다. 정의는 타입 코드 밖에 있다.

```
fullname(p::Person) = "$(p.firstname) $(p.lastname)"
```

또는 좀 더 성능이 나은 다음 함수로 정의한다.

```
fullname(p::Person) = string(p.firstname, " ", p.lastname)
```

print(fullname(p1))은 Alan Bates를 반환한다.

타입 생성 과정에서 변환하고자 하거나 오류를 확인하고자 한다면, 다음과 같이 내부 생성자inner constructors를 사용한다(타입 내부에서 정의하기 때문에 이렇게 불린다.).

```
type Family
    name::String
    members::Array{String, 1}
    big::Bool
    Family(name::String) = new(name, String[], false)
    Family(name::String, members) = new(name, members, length(members) > 4)
end
```

다음과 같이 Family를 생성한다.

```
fam = Family("Bates-Smith", ["Alan", "Julia", "Jeff", "Stephan", "Viral"])
```

다음은 결과다.

```
Family("Bates-Smith", String["Alan","Julia","Jeff","Stephan","Viral"],
true)
```

타입 안에서 객체를 생성하기 위해, 키워드 new를 내부 생성자에서 사용할 수 있다. 첫 번째 생성자는 한 개의 아규먼트를 가지고 나머지 두 개 값에 대해 기본값으로 생성한다. 두 번째 생성자는 두 개의 아규먼트를 가지고 big 값을 추론한다. 내부 생성자는 타입의 값을 어떻게 생성할지 조절할 수 있도록 한다. 여기서는 생성자를 짧은 함수 표기법으로 작성했지만, 일반 함수 구문으로 작성할 수 있다.

내부 생성자를 사용하면 더 이상 기본 생성자를 사용하지 못한다. 일반적으로는 제한된 내부 생성자를 호출하는 외부 생성자 호출이 가장 좋은 방법이다.

타입 결합

기하학에서 동일한 x와 y 구성 요소를 갖는 2차원 점과 벡터는 같지 않다. 줄리아에서는 다음과 같이 다른 타입으로 점과 벡터를 정의할 수 있다.

```
# Chapter 6\unions.jl 코드
type Point
    x::Float64
    y::Float64
end

type Vector2D
    x::Float64
    y::Float64
end
```

객체를 생성해보자.

- p = Point(2, 5)는 Point(2.0, 5.0)을 반환한다.
- v = Vector2D(3, 2)는 Vector2D(3.0, 2.0)을 반환한다.

두 타입에 대해 좌표를 더하는 함수를 정의하고자 한다.

+(p, v)

이는 ERROR: `+` has no method matching +(::Point, ::Vector2D)를 출력한다.

다음처럼 정의했지만, +(p, v)는 멀티플 디스패치 때문에 이와 같은 오류를 반환한다(줄리아는 +(p, v)는 +(v, p)와 같아야 한다는 점을 알 수 없다.).

```
+(p::Point, q::Point) = Point(p.x + q.x, p.y + q.y)
+(v::Vector2D, v::Vector2D) = Point(u.x + v.x, u.y + v.y)
+(v::Vector2D, p::Point) = Point(u.x + p.x, u.y + p.y)
```

오류를 해결하기 위해 +(p::Point, v::Vector2D) = Point(p.x + v.x, p.y + v.y)처럼 타입에 맞는 메소드를 정의하면, +(p, v)는 Point(5.0,7.0)을 반환한다.

그러면 생각해보자. 이러한 경우, 멀티플 디스패치와 다양한 타입은 코드를 중복되게 만들어내지 않을까?

그렇지 않다. 이 경우, union 타입 VecOrPoint를 정의할 수 있다.

```
VecOrPoint = Union(Vector2D, Point)
```

p는 타입 Point일 뿐만 아니라 타입 VecOrPoint이며, Vector2D v도 VecOrPoint 타입이다. isa(p, VecOrPoint)와 isa(v, VecOrPoint)는 true다.

이전 4개 함수에 대한 + 메소드를 정의할 수 있다.

```
+(u::VecOrPoint, v:: VecOrPoint) = VecOrPoint(u.x + v.x, u.y + v.y)
```

4개 메소드 대신 하나의 메소드로 통합했다.

매개화 타입과 생성자 메소드

배열은 다른 타입 원소를 가질 수 있다. 이를테면, Array{Int64,1}, Array{Int8,1}, Array{Float64,1}, Array{ASCIIString, 1}과 같다. 그 이유는 배열은 매개화 Parametric 타입이기 때문이다. 원소는 임의의 타입 T가 될 수 있고 Array{T, 1}로 나타낸다.

보통, 타입에도 타입 파라미터를 넣을 수 있다. 타입 선언은 실제로 새로운 타입의 전체 군^{family}을 생성한다. 이전 절의 Point 예제로 돌아가 다음처럼 일반화할 수 있다.

```
# Chapter 6\parametric.jl 코드
type Point{T}
    x::T
    y::T
end
```

(자바의 제네릭 타입이나 C++의 템플릿과 개념적으로 유사하다.).

이 추상 타입은 Point{Int64}, Point{Float64}, Point{String}과 같은 새로운 구상 타입의 전체 군을 생성한다(그러나 런타임에 필요할 때, 컴파일된다.).

이 메소드들은 Point의 모든 하위타입이 된다. issubtype(Point{String}, Point)는 true다. 그러나 다른 매개화 타입인 Point 타입은 같지 않다. issubtype(Point{Float64}, Point{Real})은 false를 반환한다.

객체를 생성하려면, p = Point{Int64}(2, 5)처럼 생성자^{Constructor}에 타입 T를 명시할 수 있다. 그러나 p = Point(2, 5)나 p = Point("London", "Great-Britain") 처럼 생성할 수도 있다.

파라미터 타입 T를 Real의 하위타입으로 제한하고자 한다면, 다음과 같이 작성한다.

```
type Point{T <: Real}
    x::T
    y::T
end
```

이제, p = Point("London", "Great-Britain")은 ERROR: `Point{T<:Real}` has no method matching Point{T<:Real}(::ASCIIString,: ASCIIString)을 반환한다. String은 Real의 하위타입이 아니기 때문이다.

같은 방법으로, 메소드도 선택적으로 파라미터 이름 다음에 타입 파라미터를 명시할 수 있다. 예를 들어, 두 아규먼트를 같은 타입 T로 제한하기 위해 다음 명령어를 사용한다.

```
add{T}(x::T, y::T) = x + y
```

add(2, 3)은 5를 반환하고 add(2, 3.0)은 ERROR: `add` has no method
matching add(::Int64, ::Float64) 오류 메시지를 반환한다.

다음과 같이 add 함수에서 T를 Number의 하위타입으로 제한할 수 있다.

```
add{T <: Number}(x::T, y::T) = x + y
```

다른 예제로서, vecfloat 함수가 입력으로 부동소수점 수의 벡터를 갖는지 체크할
수 있다. 단순히, 다음처럼 타입 파라미터로 함수를 정의한다.

```
function vecfloat{T <: FloatingPoint}(x::Vector{T})
    # 코드
end
```

내부 생성자도 정의에서 타입 파라미터를 갖는다.

표준 모듈과 경로

줄리아 패키지 코드(라이브러리라고도 불린다.)는 모듈^{Module}에 속한다. 모듈은 다음과
같이 규약에 따라 대문자로 시작한다.

```
# Chapter 6\modules.jl 코드
module Package1
    # 코드
end
```

이름이 충돌되지 않도록, 모듈은 모듈 내의 정의와 외부 모듈에서의 정의를 구별하
도록 한다. 이름 충돌은 모듈 이름으로 함수를 구별해 해결한다. 예를 들어, 패키지
Winston과 Gadfly는 이름이 같은 plot 함수를 가지고 있다. 같은 스크립트에서 두
버전이 필요하다면 다음과 같이 작성한다.

```
import Winston
import Gadfly
Winston.plot(rand(4))
Gadfly.plot(x=[1:10], y=rand(10))
```

전역 유효범위에서 모든 변수는 Main 모듈에 자동으로 추가된다. REPL에서 x = 2
를 작성할 때, Main 모듈에 변수 x가 추가된다.

줄리아는 가장 상위 수준 모듈로서 Main으로 시작한다. 모듈 Core는 모든 기본 식
별자^{identifier}를 포함해 항상 사용할 수 있다. 표준 라이브러리도 마찬가지다. 모든 표
준 라이브러리 코드(/base)는 모듈 Base, Pkg, Collections, Graphics, Test, Profile
에 포함되어 있다.

모듈의 타입은 Module이다. typeof(Base)는 Module을 반환한다. names(Main)을
호출한다면, 이를테면 REPL에서 정의한 것에 따라 6-element Array {Symbol,1}:
:ans, :a, :vecfloat, :Main, :Core, :Base와 같이 반환한다.

최상위 수준에서 정의된 모든 변수, 함수는 모듈과 마찬가지로 심볼로서 저장된다.
whos() 함수는 타입과 객체 목록을 보여준다.

```
Base Module      Module
Core Module      Module
Main             Module
a                Int64
ans              6-element Array{Symbol,1}
vecfloat         Function
```

이는 다른 모듈에 대해 사용할 수 있다. 예를 들어, whos(Winston)은 모듈 Winston
에서 익스포트^{exported}한 모든 이름의 목록을 보여준다.

그리고 모듈에 있는 상수, 변수, 타입, 함수 등 내부 정의를 export와 함께 선언해
다른 모듈이 사용할 수 있도록 한다.

```
export Type1, perc
```

모듈 LibA(다른 모듈도 있음)가 모듈 modules_ext.jl 파일에 정의되어 있다고 하자.

require("modules_ext.jl")은 현재 코드에 이 모듈을 로드한다. LibA의 사용은 현재 네임스페이스에서 익스포트한 모든 이름을 사용하도록 한다. 패키지를 로드하기 위해 REPL에서 사용해도 된다.

이전 예제에서, Package1의 타입 Type1, 함수 perc를 다른 모듈에서 사용할 수 있도록 했지만 나머지 정의는 그대로 사용하지 못하게 했다(invisible 또는 private).

다음은 좀 더 구체적인 예제다. 다음과 같이 TemperatureConverter 모듈을 정의한다.

```
# Chapter 6\temperature_converter.jl 코드
module TemperatureConverter

    export as_celsius

    function as_celsius(temperature, unit)
        if unit == :Celsius
            return temperature
        elseif unit == :Kelvin
            return kelvin_to_celsius(temperature)
        end
    end

    function kelvin_to_celsius(temperature)
        # 'private' 함수
        return temperature + 273
    end
end
```

다음과 같이 다른 프로그램에서 이 모듈을 사용한다.

```
# Chapter 6\using_module.jl 코드
require("temperature_converter.jl")

using TemperatureConverter

println("$(as_celsius(100, :Celsius))") #> 100
```

```
println("$(as_celsius(100, :Kelvin))") #> 373
# println("$(kelvin_to_celsius(0))") #> ERROR: kelvin_to_celsius not
defined
```

함수 `kelvin_to_celsius`는 익스포트하지 않았다. 따라서 using_module.jl에서 알수 없다.

일반적으로, 현재 모듈에서 다른 모듈 LibA의 정의를 임포트하는 몇 가지 방법이 있다.

- 먼저, `using LibA`로 익스포트한 정의를 LibA에서 찾을 수 있도록 한다. LibA에 있는 함수는 모듈 이름만으로 특별한 명시 없이 사용할 수 있다.
- 좀 더 선택적으로 사용하고자 한다면, `using LibB.varB`나 간략하게 `using LibC: varC, funcC`로 실행할 수 있다.
- `import LibD.funcD` 명령문은 하나의 이름을 임포트하며 사용할 수 있다. funcD 를 익스포트하지 않았다면, 함수 funcD는 LibD.funcD처럼 사용해야만 한다.
- `importall LibE`는 LibE에 있는 모든 이름을 임포트한다.

임포트한 변수는 읽기만 가능하고, 현재 모듈은 임포트한 변수와 같은 이름으로 변수를 생성할 수 없다. 소스 파일은 많은 모듈을 포함하거나, 하나의 모듈이 여러 소스 파일에서 정의될 수 있다. 모듈에 `__init__()` 함수가 있다면, 모듈을 처음 로드할 때 이 함수를 실행한다.

1장, '줄리아 플랫폼 설치'에서 살펴봤듯이, 모듈을 `include("file1.jl")`로 다른 소스에 포함할 수 있다. 하지만 포함한 파일은 모듈이 아니다. `include("file1.jl")`의 사용은 컴파일러가 file1.jl을 복사해서, 현재 파일이나 REPL에 직접 붙여 넣는 것과 같다.

변수 `LOAD_PATH`는 using, import, 또는 include를 실행할 때, 줄리아가 (모듈) 파일을 찾는 디렉터리 목록을 가진다. 이는 운영체제 단계에서 설정될 수 있다. .bashrc, .profile, 윈도우의 환경 변수^{Environment Variables}처럼 시작 파일에서 `push!`를 사용해 코드에서 이 변수를 확장할 수 있다.

```
push!(LOAD_PATH, "new/path/to/search")
```

모듈은 로드할 때 컴파일된다. 현재 버전에서는 줄리아의 가동 시간이 느리지만, 모듈을 먼저 컴파일한다면 성능 향상이 될 것이다. 이것은 4.0 버전에 추가될 예정이다.[1]

요약

이번 장에서는 타입과 타입 계층을 좀 더 깊게 살펴봤다. 타입에 대한 이해를 높일 수 있었고 멀티플 디스패치를 통해 타입에 대해 함수가 어떻게 작동하는지도 알아봤다. 다음 장에서는 줄리아의 다른 강력한 도구인 메타프로그래밍과 매크로에 대해 살펴본다.

7
메타프로그래밍

줄리아에서 모든 것은 표현식이다. 표현식은 실행 후 값을 반환한다. 프로그램 코드는 내부적으로 일반 줄리아 데이터 구조로 표현된다. 이 데이터 구조도 역시 표현식이다. 이번 장에서는 표현식으로 줄리아 프로그램이 어떻게 코드를 변환하는지 살펴보고, 나아가 새로운 코드를 생성하는 방법에 대해 설명한다. 이러한 특징은 동형성homoiconicity이라 하며 매우 강력하다. 리스프의 특성을 계승한 것으로, 리스프에서 코드와 데이터는 모두 리스트다, 일반적으로는, '코드는 데이터, 데이터는 코드'라 한다. 이번 장에서는 다음 주제와 메타프로그래밍에 대해 살펴본다.

* 표현식과 심볼Symbol
* eval과 보간interpolation
* 매크로 정의
* 기본 매크로
* 리플렉션reflection

표현식과 심볼

추상 구문 트리[AST, abstract syntax tree]는 프로그래밍 언어로 작성된 코드의 추상 구문 구조 트리 표현물이다. LLVM JIT 컴파일러는 줄리아 코드를 파싱하며 내부적으로 추상 구문 트리로 표현한다. 이 트리의 노드는 타입 표현식 Expr의 단순한 데이터 구조다.

(추상 구문 트리에 대한 정보는 http://en.wikipedia.org/wiki/Abstract_syntax_tree를 참고한다.)

표현식은 줄리아 코드로 표현된 간단한 객체다. 예를 들어, 2 + 3은 코드 일부이며, 타입은 Int64다(Chapter 7\expressions.jl 코드를 함께해보길 바란다.). 구문 트리는 다음과 같이 시각화할 수 있다.

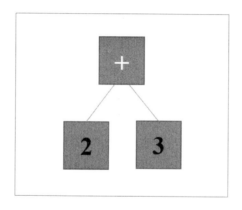

줄리아에서 표현식을 작성하고 실행하지 않고자 하면, :(2 + 3)과 같이 콜론으로 인용[quote]한다. REPL에서 :(2 + 3)을 평가하면, 타입 Expr인 :(2 + 3)을 반환한다. typeof(:(2 + 3))은 Expr이다. 사실, : 연산자(인용 연산자)는 그 아규먼트를 코드가 아닌 데이터로 다룬다는 의미다.

이 코드가 한 줄 이상일 경우, quote와 end 키워드로 코드를 감싸면 표현식이 된다. 이를테면 다음 표현식은 표현식 자체를 반환한다.

```
quote
    a = 42
    b = a^2
```

```
    a - b
end
```

이것은 :(a = 42; b = a^2; a - b)와 같으며, quote ... end는 코드 블록을 표현식으로 변환하는 하나의 방법이다.

e1 = :(2 + 3)과 같이 표현식도 이름을 가질 수 있다. e1의 필드를 확인하려면 names(e1)을 실행한다. 3-element Array{Symbol,1}: :head, :args, :typ를 반환한다.

이 반환은 다음과 같은 정보를 제공한다.

- e1.head는 :call을 반환하며, 함수 호출이라는 표현식의 종류를 나타낸다.
- e1.args는 3-element Array{Any,1}: :+ 2 3을 반환한다.
- e1.typ는 Any를 반환한다. 타입 애노테이션을 저장하며 타입 추론에 사용된다.

사실, 표현식 2 + 3은 아규먼트 2와 3으로 + 함수를 호출한 것이다. 2 + 3 == + (2, 3)은 true다. args 아규먼트는 심볼^{Symbol}을 구성한다. :+와 두 리터럴 값 2, 3이다. 표현식은 심볼과 리터럴로 이루어진다. 좀 더 복잡한 표현식은 리터럴 값, 심볼, 다시 심볼과 리터럴로 표현되는 하위나 중첩 표현식으로 구성한다.

예를 들어, e2 = :(2 + a * b - c)를 생각해보자. 다음 구문 트리로 나타낼 수 있다.

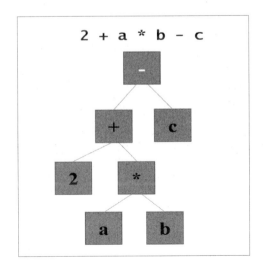

e2는 e2.args를 포함한다. e2.args는 3-element Array{Any,1}으로 :-, :c는 심볼이고 :(2 + a * b)는 표현식이다. :(2 + a * b)의 args는 :+, 2와 표현식 :(a * b)다. 역시, :(a * b)는 표현식이며 *:, :a, :b는 심볼이다. 표현식은 재귀적으로 구성되어 있다. 모든 표현식은 부분표현식으로 간략화할 수 있으며, 결국에는 기본 심볼과 리터럴이 될 때까지 같은 방법으로 간략하게 할 수 있다.

표현식에서, 심볼은 변수에 접근하는 데 사용된다. 심볼은 코드의 트리 구성에서 변수를 나타낸다. 사실 '평가 막기^{prevent evaluation}'인 qoute 연산자(:)의 특징은 심볼에게도 영향을 미친다. x = 5는 5를 반환하지만 :x는 :x를 반환한다.

이를 바탕으로, 타입 Expr의 정의를 유추할 수 있다.

```
type Expr
    head::Symbol
    args::Array{Any,1}
    typ
end
```

dump 함수는 아규먼트에 대해 추상 구문 트리를 출력한다. 이를테면, dump(:(2 + a * b - c))는 다음처럼 출력한다.

```
julia> dump(:(2 + a * b - c))
Expr
  head: Symbol call
  args: Array(Any,(3,))
    1: Symbol -
    2: Expr
      head: Symbol call
      args: Array(Any,(3,))
        1: Symbol +
        2: Int64 2
        3: Expr
          head: Symbol call
          args: Array(Any,(3,))
          typ: Any
      typ: Any
    3: Symbol c
  typ: Any
```

eval과 보간

이전 절에서 다룬 타입 Expr의 생성자로 직접 표현식을 만들 수도 있다. 예컨대, e1 = Expr(:call, *, 3, 4)는 :((*)(3, 4))를 반환한다(Chapter 7\eval.jl 코드를 함께 실행해보자.).

eval 함수로 표현식을 계산한다. eval(e1)은 12를 반환한다. 표현식을 생성할 때, 모든 심볼이 정의되어 있지 않아도 되지만 실행 시점에는 정의되어 있어야 한다. 그렇지 않으면 오류가 발생한다.

예를 들어, e2 = Expr(:call, *, 3, :a)는 ((*)(3, a))를 반환하지만, eval(e2)는 ERROR: a not defined 오류를 반환한다. a = 4로 정의하면 eval(e2)는 12를 반환한다.

표현식은 실행 환경 상태를 변경할 수 있다. 예컨대, e3 = :(b = 1)을 평가할 때, b가 이전에 정의되지 않았더라도 b에 값을 대입한다.

좀 더 간단하게 표현식을 작성하려면, $ 연산자를 사용해 표현식에서 보간interpolation할 수 있다. 문자열에서 $를 사용하는 것처럼, 표현식을 만들었을 때 $는 즉시 실행된다. 표현식 a = 4, b = 1, e4 = :(a + b)는 :(a + b)를 반환하고 e5 = :($a + b)는 :(4 + b)를 반환한다. 두 표현식 모두 5로 평가한다. 두 종류 실행이 있다.

- 표현식을 생성할 때, 표현식 보간($ 사용-)을 실행한다.
- 표현식이 런타임에 eval로 전달될 때, 인용quotation(: 또는 quote 사용-)을 실행한다.

코드는 프로그램 내부에서 작성할 수 있다. 줄리아 프로그램 내부에서 실행 중에 임의 코드를 작성할 수 있고, eval 함수로 평가할 수도 있다. 줄리아는 일반 프로그램 실행 동안 내부에서 코드를 생성할 수 있다.

이러한 작동은 줄리아에서 항상 일어나며 사용된다. 이를테면, 외부 라이브러리에 대한 바인딩을 생성하거나, 큰 라이브러리를 연결하기 위해 필요한 반복적인 표준 코드를 줄이거나, 다른 상황에서 유사한 루틴을 생성하는 데 사용한다. 로보틱스 분야에서 프로그램을 생성하고 실행하는 것은 매우 유용하다. 예를 들어, 외과 의료 로봇은 인간이 시술하는 수술 과정을 감지해 어떻게 움직이는지 배운다. 그러면 로

봇은 스스로 그 과정을 수행할 수 있도록 프로그램 코드를 생성한다.

지금까지 논의에서 나온 가장 강력한 줄리아 도구 중 하나는 매크로다. 매크로는 리스프 언어 계열에 있는 기능이다.

매크로 정의

2장, '변수, 타입, 연산'에서 @printf를 사용했고, 3장, '함수'에서는 @time 매크로를 사용했다. 매크로는 함수와 같지만, 입력 아규먼트로 값 대신에 표현식(심볼이나 리터럴)을 이용한다. 매크로를 실행하면, 입력된 표현식을 확장해[expand], 변경한 표현식을 반환한다. 표현식 확장은 코드가 실제 실행할 때가 아니라 구문을 만드는 시점인 파싱할 때 일어난다.

다음은 호출되거나 호출할 때 나타나는 매크로와 함수의 차이점이다.

- 함수: 입력으로 값을 받고, 런타임에 계산한 값을 반환한다.
- 매크로: 입력으로 표현식을 받고, 파싱 시간에 변경한 표현식을 반환한다.

달리 말해, 매크로는 맞춤[custom] 프로그램 변환이다. 매크로는 다음 키워드로 정의된다.

```
macro mname
# 반환할 표현식 코드
end
```

@mname exp1, exp2나 @mname(epx1, epx2)처럼 실행한다(@ 기호는 일반 함수 호출과 구별된다.). 매크로 블록은 새로운 유효범위를 정의한다. 코드를 실행할 때, 매크로를 조절할 수 있다.

다음은 예제다.

- 가장 간단한 예제인 macint 매크로로 시작해보자. 이 매크로는 아규먼트 표현식 ex를 보간한다.

```
# Chapter 7\macros.jl 코드
macro macint(ex)
    quote
        println("start")
        $ex
        println("after")
    end
end
```

@macint println("Where am I?")는 다음을 반환한다.

```
start
Where am I?
after
```

- 두 번째 예제는 assert 매크로다. 이 매크로는 표현식 ex를 입력받아, 참인지 거
  짓인지 체크한다. 거짓이면 오류를 발생시킨다.

```
macro assert(ex)
:($ex ? nothing : error("Assertion failed: ", $(string(ex))))
end
```

예를 들어, @assert 1 == 1.0은 nothing을 반환하지만, @assert 1 == 42는
ERROR: Assertion failed: 1 == 42를 반환한다.

매크로는 런타임에 평가하는 삼항식 연산자로 표현식을 대체한다. 결과 표현식
을 보기 위해, macroexpand 함수를 사용한다.

```
macroexpand(:(@assert 1 == 42))
```

이는 다음과 같은 표현식을 반환한다.

```
:(if 1 == 42
    nothing
else
    error("Assertion failed: ", "1 == 42")
end)
```

이 assert 함수는 매크로 예제다. 실제 코드에서 기본 assert 함수를 사용한다
('기본 매크로' 절의 '테스팅' 항목을 참고한다.).

- 세 번째 예제는 unless 구조를 흉내 낸다. test 조건이 거짓이면 branch를 실행한다.

```
macro unless(test, branch)
    quote
        if !$test
            $branch
        end
    end
end
```

arr = [3.14, 42, 'b']를 가정하면, @unless 42 in arr println("arr does not contain 42")는 nothing을 반환하지만 @unless 41 in arr println("arr does not contain 41")은 다음을 출력한다.

```
arr does not contain 41
```

macroexpand(:(@unless 41 in arr println("arr does not contain 41")))
은 다음을 출력한다.

```
quote # none, line 3:
    if !(41 in arr) # line 4:
        println("arr does not contain 41")
    end
end
```

- 네 번째 예제는 문자열 배열을 convarr 매크로의 타입 T의 배열로 변환한다.
  배열은 arr = ["a", "b", "c"]이며, 다음과 같이 매크로를 정의한다.

```
macro convarr(arr, T)
    :(reshape($T[$arr...], size($arr)...))
end
```

목적 타입 T는 일반적^{general}이다. reshape 함수는 배열을 차원을 변경하는 데 사용한다(시그니처는 `Base.reshape(arr, dims)`다.). 매크로는 임의의 차원 배열에서 작동한다.

예를 들어, `@convarr arr Symbol`은 3-element `Array{Symbol, 1}` `:a :b :c`를 반환한다.

함수와 달리 매크로는 호출한 네임스페이스에 직접적으로 코드가 삽입되고, 매크로를 정의한 모듈과 호출한 모듈이 같이 있게 된다. 그러므로 매크로를 호출한 모듈에서 코드 간 충돌이 일어나는지 반드시 확인해야 한다. 매크로가 이처럼 충돌 없이 잘 작동하면 무결한^{hygienic} 매크로라 한다. 다음은 무결한 매크로를 작성할 때 사용하는 규칙이다.

* `local`로 매크로에 변수를 정의해 밖의 변수와 충돌하지 않도록 한다.
* `esc` 함수를 사용해, 보간된 표현식이 확장하지 않고 그대로 사용되게 한다.
* 매크로 내에 `eval` 함수를 호출하지 않는다(평가하는 변수가 그 시점에 존재하지 않을 수 있기 때문이다.).

다음과 같이 표현식 ex의 실행 시간을 구하는 `timeit` 매크로에 이러한 원칙을 적용해보자(기본 매크로 `@time`과 같다.).

```
macro timeit(ex)
    quote
        local t0 = time()
        local val = $(esc(ex))
        local t1 = time()
        print("elapsed time in seconds: ")
        @printf "%.3f" t1   t0
        val
    end
end
```

표현식은 $로 실행한다. t1은 시작한 시간, t2는 끝난 시간이다.

`@timeit factorial(10)`은 `elapsed time in seconds: 0.0003628800`을 반환한다.

`@timeit a^3`은 elapsed time in seconds: 0.0013796416을 반환한다.

매크로 유효범위와 호출한 유효범위를 달리해 무결한 매크로를 만든다.

매크로는 인용과 보간으로 꽤 쉽게 작성할 수 있으며, 많은 지루한 작업을 처리해 주는 훌륭한 도구다. 여러 종류의 태스크에 적용할 수도 있으며, 극단적으로 도메인 특화 언어^{DSL, domain-specific language}도 만들 수 있다. 이러한 개념을 좀 더 이해하려면, 코드에 있는 다른 예제들을 실행해보자.

기본 매크로

줄리아 팀은 편리한 매크로를 이미 갖춰 놓았다. 매크로에 대한 정보를 얻고 자 한다면, REPL에 `?`을 입력하고 `help>`에서 `@macroname`을 입력하거나, `help("@macroname")`을 입력한다. 이전 장 예제에서 다룬 기본 타입 이외에도 다양한 매크 로가 있다(Chapter 7\built_in_macros.jl을 참고한다.).

테스팅

`@assert` 매크로는 표준 라이브러리에 있다. 이 표준 버전은 ERROR: assertion failed 다음에 사용자 정의 오류 메시지를 넣을 수 있다.

Base.Test 라이브러리에는 숫자를 비교하는 몇 개의 매크로가 있다.

```
using Base.Test
@test 1 == 3
```

이는 ERROR: test failed: 1 == 3을 반환한다.

`@test_approx_eq`는 두 숫자가 대략적으로 같은지 체크한다. `@test_approx_eq 1 1.1`은 ERROR: assertion failed: |1 - 1.1| <= 2.220446049250313e-12를 반환 한다. 이는 머신 허용 범위 내에서 같지 않기 때문이다. 하지만 마지막 아규먼트에 허용 범위를 지정할 수 있다. `@test_approx_eq_eps 1 1.1 0.2`는 반환이 없다. 1과

1.1은 0.2인 허용 범위 안에 있기 때문이다.

디버깅

소스 코드에서 특정 메소드 정의가 어디에 있는지 알고자 한다면 @which를 사용한다. 이를테면, arr = [1, 2]가 있다면 @which sort(arr)은 sort(v::AbstractArray{T,1}) at sort.jl:334를 반환한다.

@show는 표현식과 그 결과를 반환하며, 중간 결과값을 포함한 결과를 확인하는 데 유용하다. 456 * 789 + (@show 2 + 3)은 2 + 3 => 5 359789다.

성능 비교

성능 비교에 대한 매크로 @time과 @elapsed는 이미 살펴봤다. @timed는 @time 결과를 튜플로 반환한다.

@time [x^2 for x in 1:1000]은 elapsed time: 3.911e-6 seconds (8064 bytes allocated)를 출력하며, 1000-element Array{Int64,1}: ....을 반환한다.

@timed [x^2 for x in 1:1000]은 ([1, 4, 9, 16, 25, 36, 49, 64, 81, 100 ... 982081, 984064, 986049, 988036, 990025, 992016, 994009, 996004, 998001, 1000000], 3.911e-6, 8064, 0.0)을 반환한다.

@elapsed [x^2 for x in 1:1000]은 3.422e-6을 반환한다.

할당된 메모리에 대해 알고자 한다면, @allocated를 사용한다. @allocated [x^2 for x in 1:1000]은 8064를 반환한다.

코드 실행 시간을 알고자 한다면, 시작에서 tic()를 호출한 후, 목적 함수를 호출하고 toc()나 toq()를 호출한다.

```
tic()
[x^2 for x in 1:1000]
```

toc() 함수는 elapsed time: 0.024395069 seconds를 출력한다.

태스크 시작

태스크(4장, '흐름 제어'의 '태스크' 절을 참고한다.)는 코드 실행의 독립적인 단위다. 태스크를 실행한 후, 결과를 기다리지 않고 메인 코드를 계속해서 실행하고자 할 수 있다. 즉, 비동기적으로asynchronously 태스크를 시작하고자 한다. 이때 @async 매크로를 사용한다.

```
a = @async 1 + 2 # Task (done) @0x000000002d70faf0
consume(a) # 3
```

이 책에서 살펴본 기본 매크로 목록은 부록, '매크로와 패키지 목록'에 있다.

리플렉션

이번 장에서 줄리아 코드는 타입 Expr의 데이터 구조인 표현식으로 나타내는 것을 확인했다. 프로그램의 구조와 그 타입은 데이터처럼 다루어진다. 실행하는 프로그램에서 그 특성을 동적으로 알 수 있다. 이를 리플렉션reflection이라 한다. 이러한 함수는 이미 살펴봤다.

- 타입 계층을 알려주는 typeof와 subtypes(6장, '타입, 메소드, 모듈' 참조)
- 함수 f의 모든 메소드를 보여주는 methods(f)(3장, '함수' 참조)
- names와 types: 타입 Person을 정의한다.

  ```
  type Person
      name:: String
      height::Float64
  end
  ```

  그러면 names(Person)은 심볼로 필드명을 반환한다. 2-element Array{Symbol,1}: :name :height

  Person.types는 필드 타입인 (String, Float64)를 반환한다.

- 함수가 내부적으로 어떻게 표현되었는지 보기 위해 code_lowered를 사용한다.

```
code_lowered(+, (Int, Int))
```

이는 다음과 같은 출력을 반환한다.

```
1-element Array{Any,1}: :($(Expr(:lambda, {:x,:y}, {{},{{:x,:Any,0},{:
y,:Any,0}},{}}, :(begin # int.jl, line 33:
return box(Int64,add_int(unbox(Int64,x),unbox(Int64,y))) end)))))
```

타입 추론 형식을 보기 위해 code_typed를 사용한다.

```
code_typed(+, (Int, Int))
```

이는 다음을 반환한다.

```
1-element Array{Any,1}: :($(Expr(:lambda, {:x,:y}, {{},{{:x,Int64,0}
,{:y,Int64,0}},{}}, :(begin # int.jl, line 33: return box(Int64,add_
int(x::Int64,y::Int64))::Int64 end::Int64)))))
```

 code_typed를 사용해 실행하고자 하는 코드가 최적화된 타입인지 알 수 있다. 적절한 특정 타입이 아닌 Any가 사용된다면, 코드에서 타입을 명시해 성능과 프로그램 실행 속도를 높일 수 있다.

- LLVM 엔진으로 생성한 코드를 조사하기 위해 code_llvm을 사용하며, 어셈블리로 생성된 코드를 보기 위해서는 code_native를 사용한다(1장, '줄리아 플랫폼 설치'에서 '줄리아 작동 방법' 절을 참고한다.).

리플렉션은 프로그램 작성에 꼭 필요하지 않지만, 객체 내부를 조사할 수 있는 IDE나 프로파일링 도구와 자동 문서를 생성하는 도구에서 유용하다. 코드 객체의 내부를 볼 필요가 있는 도구에 있어서 리플렉션은 필수다.

요약

이번 장에서는 줄리아에서 파싱하는 표현식 형태를 알아봤다. 이 형태는 데이터 구조이기 때문에 코드에서 변경할 수 있다. 이것이 정확히 매크로가 하는 일이다. 매크로를 작성해봤고 일부 기본 매크로도 살펴봤다. 다음 장에서는 줄리아의 네트워크 환경과 강력한 병렬 실행에 대해 살펴보자.

8

I/O, 네트워킹, 병렬 컴퓨팅

이번 장에서는 줄리아가 표준 입출력, 파일, 네트워크, 데이터베이스와 같은 외부 환경과 어떻게 상호작용하는지에 대해 알아본다. 줄리아는 libuv 라이브러리[1]를 활용해 비동기asynchronous 네트워크 I/O를 제공한다. 그 사용법과 더불어, 줄리아의 병렬 처리parallel processing 모델도 함께 살펴보자.

이번 장에서는 다음 주제를 다룬다.

- 기본 입력과 출력
- (CSV 파일을 포함한) 파일 작업
- 데이터프레임DataFrame 활용
- TCP 소켓과 서버 작업
- 데이터베이스 활용
- 병렬 연산과 컴퓨팅

---

1 libuv 라이브러리는 비동기 I/O에 초점을 맞춘 멀티 플랫폼 라이브러리다. 처음에는 node.js에 사용하기 위해 개발되었지만, 현재는 다른 언어에서도 사용한다. – 옮긴이

기본 입력과 출력

줄리아에서 입출력[I/O]은 스트림 지향[stream-oriented]이다. 스트림 지향이란 바이트 스트림을 쓰고 읽는 것이다. 이번 장에서는 파일 스트림을 비롯한 다양한 스트림을 소개할 것이다. 표준 입력[stdin]과 표준 출력[stdout]은 타입 TTY(오래된 용어로, `TeleType`의 단축어) 상수이며 타입 TTY는 읽기와 쓰기를 위해 사용된다(Chapter 8\io.jl을 참고한다.).

- `read(STDIN, Char)`: 이 명령은 문자가 입력될 때까지 대기하다, 입력되면 그 문자를 반환한다. 이를테면, J를 입력하면 `'J'`를 반환한다.

- `write(STOUT, "Julia")`: 이 명령은 Julia5를 반환한다(붙여진 5는 출력 스트림에서 바이트 개수다. 세미콜론을 명령 마지막에 붙이면 이 수를 추가하지 않는다.).
  STDIN과 STDOUT은 단순한 스트림이며, 입출력 명령에서 스트림 객체를 대체할 수 있다. readbytes는 스트림에서 읽어, 바이트의 수를 벡터로 읽는다.

- `readbytes(STDIN, 3)`: 이 명령은 입력을 대기한다. 예를 들면, 스트림에서 3바이트인 abc를 읽어, 3-element Array{Uint8,1}: 0x61 0x62 0x65를 반환한다.

- `readline(STDIN)`: 이 명령은 새 줄 문자인 \n이 입력될 때까지 모든 입력을 읽는다. 이를테면, julia를 입력하고 **ENTER**를 누르면, 윈도우에서는 "Julia\r\n"을 반환하고 리눅스에서는 "Julia\n"을 반환한다.

입력 스트림에서 모든 입력을 받으려면, for 반복문에서 eachline 메소드를 사용한다. 예를 들면 다음과 같다.

```
stream = STDIN
for line in eachline(stream)
    print("Found $line")
    # process the line
end
```

다음은 결과다.

```
First line of input
Found First line of input
2nd line of input
```

```
Found 2nd line of input
3rd line...
Found 3rd line...
```

마지막 입력 스트림을 파악하기 위해, 다음과 같이 while 반복문과 eof(stream)을 사용한다.

```
while !eof(stream)
    x = read(stream, Char)
    println("Found: $x")
    # 문자 처리
end
```

예제에서 스트림을 STDIN으로 대체해 실험할 수 있다.

파일 작업

파일을 사용하려면 IOStream 타입이 필요하다. IOStream 타입의 상위타입은 IO이며, 다음과 같은 특징이 있다.

- names(IOStream)은 다음 필드를 반환한다.

  ```
  4-element Array{Symbol,1}: :handle :ios :name :mark
  ```

- IOStream.types는 다음 타입을 가진다.

  ```
  (Ptr{None}, Array{Uint8,1}, String, Int64)
  ```

파일 핸들러는 파일 객체를 참조하는 타입 Ptr 포인터다.

example.dat 파일을 열고 줄 단위로 파일을 읽는 것은 매우 쉽다.

```
// Chapter 8\io.jl 코드
fname = "example.dat"
f1 = open(fname)
```

fname은 파일 경로와 이름인 문자열로, 특수 문자 \를 사용해야만 한다. 예를 들어, 윈도우에서 D: 드라이브, test 폴더에 example.dat 파일이 있다면, fname은 d:\\test\\example.da가 된다. 변수 f1은 IOStream(<file example.dat>) 객체다.

배열로 모든 행을 읽으려면, `data = readlines(f1)`을 사용하고 3-element Array{Union(ASCIIString,UTF8String),1}이 반환된다.

```
"this is line 1.\r\n"
"this is line 2.\r\n"
"this is line 3."
```

줄 단위로 처리하고자 한다면 반복문을 사용한다.

```
for line in data
    println(line) # 또는 line을 처리한다.
end
close(f1)
```

자원resource을 저장하고 정리하려면 IOStream 객체를 꼭 닫아야 한다. 파일을 한 문자열로 얻고자 한다면, readall(예컨대, 5장, '컬렉션 타입'에서 word_frequency 프로그램을 보자.) 함수를 사용한다. 사용할 메모리를 고려해 상대적으로 작은 파일에 사용한다. readlines를 사용할 때도 일어날 수 있는 잠재적인 문제이기도 하다.

파일을 읽을 때, do 구문을 사용하면 편리하다. 파일을 process 함수로 처리하고 do 구문에서 자동으로 파일 객체를 닫는다. 다음은 사용 예다(file은 IOStream 객체다.).

```
open(fname) do file
    process(file)
end
```

3장, '함수'의 '맵, 필터, 리스트 컴프리헨션' 절에서 사용했듯이, do 구문은 이름 없는 함수를 생성하고 open한 후 파일 객체를 전달한다. 그러므로 이전 예제 코드는 open(process, fname)과 같다. 파일 fname을 처리하기 위해 이전 예제처럼 메모리를 많이 사용하지 않고, 줄 단위로 처리하는 구문을 사용한다.

```
open(fname) do file
    for line in eachline(file)
        print(line) # 또는 line을 처리한다.
    end
end
```

파일에 쓰려면 "w" 플래그와 함께 파일을 열어야 하며, 문자열에 대해 write, print, println 함수를 사용한다. IOStream 객체를 디스크에 모두 비우기^{flush} 위해 파일 핸들러를 꼭 닫는다.

```
fname = "example2.dat"
f2 = open(fname, "w")
write(f2, "I write myself to a file\n")
# (쓰여진 바이트) 24를 반환한다.
println(f2, "even with println!")
close(f2)
```

"w" 옵션으로 파일을 열면, 기존에 파일이 있는 경우 파일을 새로 작성한다. 기존에 있는 파일에 추가하려면 "a"를 사용한다.

현재 폴더에 있는 모든 파일을 처리하기 위해(readdir()에 아규먼트로 특정 폴더를 넣을 수 있다.) for 반복문을 사용한다.

```
for file in readdir()
    # 파일 처리한다.
end
```

CSV 파일 읽고 쓰기

CSV 파일은 콤마 구분자로 된 파일이다. 각 줄에 데이터 필드를 콤마로 구분하거나 세미콜론과 같은 다른 구분자로 구분한다. CSV 파일은 크기가 작거나 중간인 테이블형 데이터를 교환하는 사실상의 표준이다. 파일의 한 줄은 데이터 객체^{data object}를 나타내기 때문에, 줄 단위 처리가 필요하다. 예를 들어, Chapter 8\winequality.csv는 1,599개 샘플이 있으며, 샘플마다 세미콜론으로 구분된 pH, alcohol 등 12개 데이터 열이 있다. 다음 그림은 상위 20행이다.

	fixed acidi	volatile ac	citric acid	residual su	chlorides	free sulfur	total sulfu	density	pH	sulphates	alcohol	quality
1	fixed acidi	volatile ac	citric acid	residual su	chlorides	free sulfur	total sulfu	density	pH	sulphates	alcohol	quality
2	7.4	0.7		0 1.9	0.076	11	34	0.9978	3.51	0.56	9.4	5
3	7.8	0.88		0 2.6	0.098	25	67	0.9968	3.2	0.68	9.8	5
4	7.8	0.76	0.04	2.3	0.092	15	54	0.997	3.26	0.65	9.8	5
5	11.2	0.28	0.56	1.9	0.075	17	60	0.998	3.16	0.58	9.8	6
6	7.4	0.7		0 1.9	0.076	11	34	0.9978	3.51	0.56	9.4	5
7	7.4	0.66		0 1.8	0.075	13	40	0.9978	3.51	0.56	9.4	5
8	7.9	0.6	0.06	1.6	0.069	15	59	0.9964	3.3	0.46	9.4	5
9	7.3	0.65		0 1.2	0.065	15	21	0.9946	3.39	0.47	10	7
10	7.8	0.58	0.02	2	0.073	9	18	0.9968	3.36	0.57	9.5	7
11	7.5	0.5	0.36	6.1	0.071	17	102	0.9978	3.35	0.8	10.5	5
12	6.7	0.58	0.08	1.8	0.097	15	65	0.9959	3.28	0.54	9.2	5
13	7.5	0.5	0.36	6.1	0.071	17	102	0.9978	3.35	0.8	10.5	5
14	5.6	0.615		0 1.6	0.089	16	59	0.9943	3.58	0.52	9.9	5
15	7.8	0.61	0.29	1.6	0.114	9	29	0.9974	3.26	1.56	9.1	5
16	8.9	0.62	0.18	3.8	0.176	52	145	0.9986	3.16	0.88	9.2	5
17	8.9	0.62	0.19	3.9	0.17	51	148	0.9986	3.17	0.93	9.2	5
18	8.5	0.28	0.56	1.8	0.092	35	103	0.9969	3.3	0.75	10.5	7
19	8.1	0.56	0.28	1.7	0.368	16	56	0.9968	3.11	1.28	9.3	5
20	7.4	0.59	0.08	4.4	0.086	6	29	0.9974	3.38	0.5	9	4

일반적으로, CSV 파일에서 데이터를 읽을 때 readdlm 함수를 사용한다.

```
# Chapter 8\csv_files.jl 코드
fname = "winequality.csv"
data = readdlm(fname, ';')
```

두 번째 아규먼트는 구별자 문자다(여기서는 ; 이다.). 반환된 데이터는 공통된 타입이 없기 때문에 타입 Any의 1600x12 Array{Any,2} 배열이다.

```
"fixed acidity"  "volatile acidity"   "alcohol"    "quality"
7.4              0.7                  9.4          5.0
7.8              0.88                 9.8          5.0
7.8              0.76                 9.8          5.0
...
```

data 파일이 콤마로 구분되어 있다면 다음과 같이 좀 더 간단하게 파일을 읽는다.

```
data = readcsv(fname)
```

지금까지 다룬 파일에는 데이터의 일부로 헤더(열 이름)가 있었다. 다행스럽게도, head=true 아규먼트를 넣어, 줄리아가 첫 번째 줄을 구별된 배열에 넣을 수 있다.

데이터 배열에 대한 정확한 타입, Float64도 자연스럽게 구한다. 다음과 같이 타입을 명시할 수도 있다.

```
data3 = readdlm(fname, ';', Float64, '\n', header=true)
```

세 번째 아규먼트는 수치 타입, String, Any인 데이터 타입이다. 네 번째 아규먼트는 새 줄 구별 문자이며, 다섯 번째 아규먼트는 필드(열) 이름인 헤더가 있는지를 명시한다. 실행하면, data3는 첫 번째 원소는 데이터이고 두 번째 원소는 헤더인 튜플이다. 정확히, (1599x12 Array{Float64,2}, 1x12 Array{String,2}) 다(다른 아규먼트에 대해서는 help에서 readdlm으로 찾아보자.). 이 경우, 실제 데이터는 data3[1]에 있고, 헤더는 data3[2]에 있다.

데이터에 대해 계속 진행해보자. 데이터 형태는 매트릭스이며, 일반적인 배열-매트릭스 구문을 사용해, 데이터의 열과 행을 구할 수 있다(5장, '컬렉션 타입'의 '매트릭스' 절을 참고한다.). 예를 들어, 세 번째 행은 row3 = data[:, 3]으로 특정 와인의 특성을 나타내는 data: 7.8 0.88 0.0 2.6 0.098 25.0 67.0 0.9968 3.2 0.68 9.8 5.0을 구한다.

data 열로 모든 와인의 일정 특성에 대한 측정치를 구할 수 있다. 이를테면, col3 = data[:, 3]은 citric acid의 측정치를 나타내며, 열 벡터 1600-element Array{Any,1}: "citric acid" 0.0 0.0 0.04 0.56 0.0 0.0 … 0.08 0.08 0.1 0.13 0.12 0.47이다.

모든 와인에 대해 2-4열(volatile acidity에서 residual sugar까지)이 필요하다면, x = data[:, 2:4]로 데이터를 추출한다. 이 추출에서 70-75행에 와인의 측정치가 필요하면, y = data[70:75, 2:4]는 다음과 같은 6 x 3 Array{Any,2}를 반환한다.

```
0.32 0.57 2.0
0.705 0.05 1.9
…
0.675 0.26 2.1
```

다음을 실행하면, 데이터에서 3, 6, 11열을 가진 매트릭스로 반환한다.

```
z = [data[:,3] data[:,6] data[:,11]]
```

코드에서 Wine 타입을 생성하면 유용하다.

이를테면, 함수에서 데이터를 생성하는 경우 하나의 데이터 타입에 모든 데이터를 압축해 코드 품질을 높인다.

```
type Wine
    fixed_acidity::Array{Float64}
    volatile_acidity::Array{Float64}
    citric_acid::Array{Float64}
    # 다른 필드
    quality::Array{Float64}
end
```

이로써, 다른 객체지향 언어처럼 하나의 타입 객체로 다룰 수 있다. 예를 들면, winel = Wine(data[1, :]...)에서 ... 연산자는 행의 요소를 나누어 Wine을 생성한다.

CSV 파일을 작성하기 위해서는 콤마 구별자인 wirtecsv 함수를 사용하는 것이 가장 간단하다. 다른 구별자를 사용하려면 writedlm 함수를 사용한다. 이를테면, 배열 데이터를 partial.dat에 작성하기 위해 다음 명령을 실행한다.

```
writedlm("partial.dat", data, ';')
```

좀 더 세부적인 사항을 다루려면, 이전 절의 기본 함수를 혼합해 사용할 수 있다. 다음 코드는 파일에 3개의 튜플을 작성한다.

```
// Chapter 8\tuple_csv.jl 코드
fname = "savetuple.csv"
csvfile = open(fname,"w")
# 헤더 작성
write(csvfile, "ColName A, ColName B, ColName C\n")
for i = 1:10
```

```
    tup(i) = tuple(rand(Float64,3)...)
    write(csvfile, join(tup(i),","), "\n")
end
close(csvfile)
```

데이터프레임 활용

관찰observation에서 하나의 객체가 n개의 변수를 가진다면, 각 객체에 대한 행은 n개 열을 가진 테이블이 된다. m개 객체는 m개 행이 된다. 학생 성적에 대한 데이터가 있다면, '사회경제 그룹socioeconomic group에 대한 평균 성적grade을 계산해라.'에서 사회경제 그룹socioeconomic group, 성적grade은 테이블에서 열이 되며 각 학생은 행이 된다.

데이터프레임DataFrame은 데이터 (m * n) 인 테이블을 다루는 데 가장 자연스러운 표현물이다. 파이썬 라이브러리 Pandas의 데이터프레임이나 R의 data.frame과 유사하다. 데이터프레임은 테이블 형식 및 통계적 데이터와 작동하는 일반 배열보다 좀 더 특화되어 있고, 널리 사용하는 줄리아 통계 패키지인 DataFrame에 정의되어 있다. 설치하려면, REPL에서 Pkg.add("DataFrames")를 입력한다. using DataFrames 로 현재 작업장에 임포트한다. 패키지 DataArrays와 RDatasets도 설치한다(R에 있는 대부분의 예제 데이터셋이 포함되어 있다.).

일반적으로, 통계 데이터에는 결측치(데이터 정보가 없는)가 있다. DataArray 패키지는 결측치를 나타내는 NAType인 NA 값을 지원한다. NA 값이 포함되어 있으면 계산할 수 없다. 42 + NA는 NA를 반환한다(줄리아 0.4 버전은 결측치의 타입을 명시할 수 있는 새로운 Nullable{T} 타입이 포함될 예정이다.). DataArray{T} 배열은 표준 줄리아 배열과 같은 n차원 데이터 구조를 가지며, 타입 T를 가질 수 있다. 더불어 결측치 NA를 가지며 NA와 효과적으로 작동한다. @data 매크로를 사용해, DataArray를 생성한다.

```
// Chapter 8\dataarrays.jl 코드
using DataArrays
using DataFrames
dv = @data([7, 3, NA, 5, 42])
```

5-element DataArray{Int64,1}: 7 3 NA 5 42를 반환한다.

sum(dv)로 합을 구하면, NA를 반환한다. 배열에 NA를 대입하면, dv[5] = NA; dv는 [7, 3, NA, 5, NA]가 된다. 이 데이터를 일반 배열로 변환하면 convert(Array, dv) returns ERROR: NAException 예외를 발생시킨다.

NA를 제거하는 안전한 방법은 dropna 함수를 사용하는 것이다. 예를 들면, sum(dropna(d))는 15를 반환한다. NA를 값 v로 대체하려면, array 함수를 사용한다.

```
repl = -1
sum(array(dv, repl)) # 13을 반환한다.
```

데이터프레임은 인메모리$^{in-memory}$ 데이터베이스 형태의 한 종류로, 매우 편리하게 작업할 수 있도록 한다. 데이터프레임은 Col1, Col2, Col3 등 같은 열로 구성된다. 각 열은 DataArrays이며, 해당하는 타입을 가지고, 데이터는 각 열 이름으로도 참조할 수 있다. 2차원 배열과 달리 데이터프레임에서 열은 다른 타입을 가질 수 있다. 이를테면, 한 열은 문자열인 학생 이름이며 다른 열은 정수인 나이가 된다.

다음과 같이 프로그램에서 데이터프레임을 생성해보자.

```
// Chapter 8\dataframes.jl 코드
using DataFrames
# DataFrame 생성
df = DataFrame()
df[:Col1] = 1:4
df[:Col2] = [e, pi, sqrt(2), 42]
df[:Col3] = [true, false, true, false]
show(df)
```

열 헤더는 심볼이며, 4×3인 DataFrame을 반환한다.

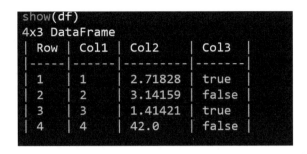

다음과 같이 생성자로 만들 수도 있다.

```
df = DataFrame(Col1 = 1:4, Col2 = [e, pi, sqrt(2), 42], Col3 = [true,
false, true, false])
```

인덱스나 열 이름으로 열을 참조할 수 있다. 다음 표현식은 같은 결과를 반환한다.

```
show(df[2])
show(df[:Col2])
```

다음은 결과다.

```
[2.718281828459045, 3.141592653589793, 1.4142135623730951,42.0]
```

행, 행의 일부, 열을 출력하려면 스플라이스^{splice}(:) 구문을 사용한다. 다음은 예제다.

- 첫 번째 행을 구하려면, df[1, :]을 실행한다. 1×3인 DataFrame을 반환한다.

  ```
  | Row | Col1 | Col2    | Col3 |
  |-----|------|---------|------|
  | 1   | 1    | 2.71828 | true |
  ```

- 두 번째와 세 번째 행을 구하려면, df[2:3, :]을 실행한다.
- 이전 결과에서 두 번째 열만 구하려면, df[2:3, :Col2]를 실행한다.
  [3.141592653589793, 1.4142135623730951]을 반환한다.
- 두 번째와 세 번째 행에서 두 번째와 세 번째 열을 구하려면, df[2:3, [:Col2,
  :Col3]]을 실행한다. 다음과 같이 반환한다.

```
2x2 DataFrame
| Row | Col2    | Col3    |
|---- |------   |-------  |
| 1   | 3.14159 | false   |
| 2   | 1.41421 | true    |
```

데이터프레임을 사용할 때, 다음 함수는 매우 유용하다.

- head(df)와 tail(df)는 각각 앞에서 6행과 뒤에서 6행을 출력한다.
- names 함수는 names(df)로 열 이름을 제공하며 3-element Array{Symbol,1}:
  :Col1 :Col2 :Col3을 반환한다.
- eltypes 함수는 eltypes(df)로 열의 데이터 타입을 제공한다. 3-element
  Array{Type{T<:Top},1}: Int64 Float64 Bool인 결과를 얻는다.
- describe 함수는 타입에 관련된 열 데이터에 대한 유용한 요약 정보를 제공한다. 이를테면, describe(df)는 Col 2에 대한 최소 값, 최대 값, 중간 값, 평균 값, NA의 개수, NA의 퍼센트를 제공한다.

```
Col2
Min 1.4142135623730951
1st Qu. 2.392264761937558
Median 2.929937241024419
Mean 12.318522011105483
3rd Qu. 12.856194490192344
Max 42.0
NAs 0
NA% 0.0%
```

CSV 파일에서 데이터를 로드하기 위해 readtable 메소드를 사용한다. 결과로, DataFrame 타입을 반환한다.

```
# Chapter 8\dataframes.jl 코드
using DataFrames
fname = "winequality.csv"
data = readtable(fname, separator = ';')
typeof(data) # DataFrame
```

```
size(data)  #  (1599,12)
```

다음은 출력이다.

```
1599x12 DataFrame
| Row  | fixed_acidity | volatile_acidity | citric_acid | residual_sugar |
|------|---------------|------------------|-------------|----------------|
| 1    | 7.4           | 0.7              | 0.0         | 1.9            |
| 2    | 7.8           | 0.88             | 0.0         | 2.6            |
| 3    | 7.8           | 0.76             | 0.04        | 2.3            |
:
| 1596 | 5.9           | 0.55             | 0.1         | 2.2            |
| 1597 | 6.3           | 0.51             | 0.13        | 2.3            |
| 1598 | 5.9           | 0.645            | 0.12        | 2.0            |
| 1599 | 6.0           | 0.31             | 0.47        | 3.6            |
```

readtable 메소드는 압축된gzipped CSV 파일도 읽을 수 있다.

writetable("dataframe1.csv", df) 와 같이, 파일 이름과 데이터프레임을 입력하는 writetable 함수로 데이터프레임을 파일에 쓸 수 있다. 기본적으로, writetable 은 파일 확장자로 알 수 있는 식별자를 사용하며 열 이름을 헤더에 쓴다.

readtable과 writetable은 경우에 따른 다양한 기능을 지원한다. http://dataframesjl.readthedocs.org/en/latest/에 더 많은 정보가 있다. 데이터프레임의 강력한 기능을 설명하기 위해 다음 쿼리query를 사용해보자.

- data[:quality]로 quality 데이터를 벡터로 만든다.
- alcohol 퍼센트가 9.5인 와인을 구한다. 예를 들어 data[data[:alcohol] .== 9.5, :]다. 여기서 .== 연산자는 원소 단위다. data[:alcohol] .== 9.5는 불린 값 배열을 반환한다(:alcohol이 9.5인 datapoints는 true, 그렇지 않으면 false를 반환한다.). data[boolean_array, :]은 boolean array가 true인 행만 선택한다.
- by(data, :quality, data -> size(data, 1))로 quality로 그룹 지어 와인 수를 센다. 다음은 그 결과다.

```
6x2 DataFrame
| Row | quality | x1 |
|-----|---------|-----|
| 1   | 3       | 10 |
```

```
| 2   | 4      | 53  |
| 3   | 5      | 681 |
| 4   | 6      | 638 |
| 5   | 7      | 199 |
| 6   | 8      | 18  |
```

DataFrame 패키지에는 by 함수가 있다. by 함수는 세 개의 아규먼트를 가진다.

- DataFrame, 여기서는 data
- DataFrame을 나누는 열, 여기서는 quality
- 데이터프레임의 일부 부분에 적용하고자 하는 함수나 표현식, 여기서는 data
  -> size(data, 1)로 각 quality 값에 대한 와인 수를 구한다.

quality 간의 분포를 알아보는 가장 쉬운 방법은 히스토그램 hist 함수를 사용하는 것이다. hist(data[:quality])는 (2.0:1.0:8.0,[10,53,681,638,199,18]) 범위의 와인 개수를 구한다. 좀 더 정확하게, 첫 번째 원소는 히스토그램 빈^{bin}의 경계에 해당하며, 두 번째는 각 빈의 아이템 수다. 예를 들면, 품질 2와 3 사이에 10개 와인이 있다.

Vector 타입인 변수 count로서 개수를 추출하기 위해 _, count = hist(data[:quality]);를 실행하며, _는 튜플에서 첫 번째 원소로서 여기서는 필요하지 않음을 의미한다. quality 등급^{class}을 DataArray로 구하기 위해 다음을 실행한다.

```
class = sort(unique(data[:quality]))
```

df_quality = DataFrame(qual=class, no=count)로 class와 count 열을 가진 df_quality 데이터프레임을 생성할 수 있다. 다음은 결과다.

```
6x2 DataFrame
| Row | qual | no  |
|-----|------|-----|
| 1   | 3    | 10  |
| 2   | 4    | 53  |
| 3   | 5    | 681 |
```

```
| 4   | 6   | 638 |
| 5   | 7   | 199 |
| 6   | 8   | 18  |
```

10장, '표준 라이브러리와 패키지'의 '데이터에 Gadfly 활용' 절에서 DataFrame을 시각화하는 방법을 살펴본다.

줄리아 데이터프레임의 다른 특성에 대해 좀 더 이해하고 학습하고자(조인[joining], 크기 조절[reshaping], 정렬[sorting]) 한다면 http://dataframesjl.readthedocs.org/en/latest/ 를 참고한다.

다른 파일 형태

줄리아는 다음 특화된 패키지로 사람이 읽을 수 있는 파일 형태를 지원한다.

- JSON, JSON 패키지를 사용한다. `parse` 메소드는 JSON 문자열을 딕셔너리로 변환하고, `json` 메소드는 줄리아 객체를 JSON 문자열로 변환한다.
- XNL, LightXML 패키지를 사용한다.
- YAML, YAML 패키지를 사용한다.
- HDF5, HDF5 패키지를 사용한다.
- 윈도우 INI, IniFile 패키지를 사용한다.

TCP 소켓과 서버 작업

네트워크로 데이터를 보내려면, 데이터는 특정 형식이나 프로토콜을 준수해야 한다. TCP/IP는 인터넷에서 사용되는 핵심 프로토콜 중에 하나다. 다음 그림은 줄리아 TCP 서버와 클라이언트 간에 TCP/IP로 통신하는 방법을 보여준다(Chapter 8\tcpserver.jl 코드를 본다.).

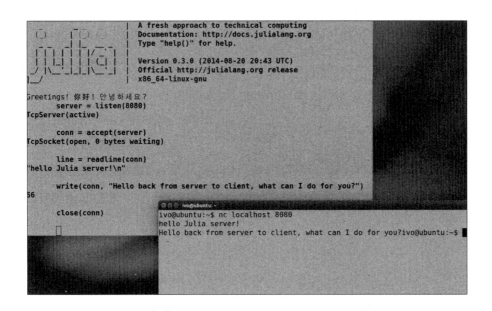

```
                |  A fresh approach to technical computing
   _       _    |  Documentation: http://docs.julialang.org
  |_|     |_|   |  Type "help()" for help.
   | | | |       |
   | | | | | |   |  Version 0.3.0 (2014-08-20 20:43 UTC)
   | | |_| | |   |  Official http://julialang.org release
  |_/       \_|  |  x86_64-linux-gnu

Greetings! 你好! 안녕하세요?
        server = listen(8080)
TcpServer(active)

        conn = accept(server)
TcpSocket(open, 0 bytes waiting)

        line = readline(conn)
"hello Julia server!\n"

        write(conn, "Hello back from server to client, what can I do for you?")
56

        close(conn)
```
```
ivo@ubuntu:~$ nc localhost 8080
hello Julia server!
Hello back from server to client, what can I do for you?ivo@ubuntu:~$
```

서버(그림에서 위 왼쪽)는 server = listen(80)으로 줄리아 세션을 시작하면, 8080 포트로 접속 대기^listening하는 TcpServer 객체를 반환한다. conn = accept(server) 행은 연결^connection을 만들기 위해 들어오는 클라이언트를 기다린다. 두 번째 터미널 (그림에서 아래 오른쪽)에서, nc localhost 8080으로 포트 8080을 통해 줄리아 서버 와 연결하도록 netcat(nc)[2] 도구를 실행시킨다. 그러면 accept 함수는 서버가 읽고 쓸 수 있도록 TcpSocket 객체를 만든다.

클라이언트에서 새 줄 문자로 끝나는 줄 전부를 받을 때까지 서버가 기다리는 line = readline(conn) 명령을 사용한다. 클라이언트가 "hello Julia server!"를 입력하고 ENTER를 치면, 서버 콘솔에 나타난다. 서버도 클라이언트에 나타나도록 write(conn, "message ") 함수로 TCP를 통해 클라이언트에 문자를 쓸 수 있다. 종료되면, 서버는 TCP를 닫기 위해 close(conn);으로 TcpSocket 연결을 닫는다. 이는 netcat 세션도 닫는다.

물론, 일반적인 서버는 다수 클라이언트를 다루어야 한다. 여기서는 클라이언트가

---

2 netcat은 네트워크 연결에서 데이터를 쓰고 읽을 수 있는 간단한 유닉스 유틸이다. 윈도우에서 사용하려면 윈도우 버전을 설치해야 한다. – 옮긴이

보내온 메시지를 그대로 출력하는 서버를 보겠다.

```
# Chapter8\echoserver.jl 코드
server = listen(8081)
while true
    conn = accept(server)
    @async begin
        try
            while true
                line = readline(conn)
                println(line) # output in server console
                write(conn,line)
            end
        catch ex
            print("connection ended with error $ex")
        end
    end # end coroutine block
end
```

들어오는 연결을 받으려면, 무한 while 반복문 내부에 accept() 함수를 넣는다. 그리고 특정 클라이언트를 읽고 쓴다. 클라이언트가 연결을 끊을 때, 서버는 접속 대기를 중단한다. 클라이언트와 네트워크 통신은 오류가 일어날 수 있기 때문에 try/catch 표현식으로 감싸야만 한다. 오류가 일어나면, ex 객체를 잡는다catch. 예를 들면, 클라이언트 터미널에서 connection ended with error ErrorException("stream is closed or unusable")을 받는다.

@async 매크로를 사용한다. 이 매크로 기능은 무엇일까? @async 매크로는 계속적으로 begin-end 블록을 실행하기 위해 로컬 프로세스에서 새로운 코루틴coroutine(4장, '흐름 제어'에서 '태스크' 절을 참고한다.)을 시작한다. 그래서 매크로 @async는 구별된 코루틴에서 각각의 특정 클라이언트와 연결을 처리한다. @async 블록은 즉시 서버가 while 반복문 밖에서 새로운 연결을 계속적으로 받을 수 있는 서버를 반환한다. 코루틴은 매우 적은 부가 작업을 하며, 각 연결에 대한 새로운 서버 생성을 완벽하게 수행한다. @async 블록이 없다면 프로그램은 새로운 연결을 받기 전까지 현재

클라이언트와 연결이 종료할 때까지 멈춘다.

반면, @sync 매크로를 @async의 개수만큼 감싸는 데 사용한다(또는 @spawn, @parallel 호출, '병렬 연산과 컴퓨팅' 절을 참고한다.). 그러면 모든 감싼 호출이 끝날 때까지 코드 실행은 @sync 블록의 끝에서 기다린다.

다음 명령을 입력해 이 서버 예제를 실행한다.

```
julia echoserver.jl
```

다른 터미널에서 netcat 세션의 수를 알 수 있다. 클라이언트 세션은 줄리아 콘솔에서 입력할 수 있다.

```
conn = connect(8081)  #> TcpSocket(open, 0 bytes waiting)
write(conn, "Do you hear me?\n")
```

listen 함수와 유사한 다른 함수가 있다. 이를테면, listen(IPv6(0),2001)은 모든 IPv6 인터페이스에서 2001 포트에 접속 대기하는 TCP 서버를 생성한다. 마찬가지로, readline 대신 좀 더 간단한 read 메소드가 있다.

- read(conn, Uint8): 이 메소드는 conn에서 읽은 바이트가 있을 때까지 멈추고, 읽은 바이트를 반환한다. Uint8 값을 Char로 변환하기 위해 convert(Char, n)을 사용한다. 읽은 Uint8에 대해 ASCII 문자가 보인다.
- read(conn, Char): 이 메소드는 conn에서 읽은 바이트가 있을 때까지 멈추고, 읽은 바이트를 반환한다.

통신 API에서 중요한 측면은 한 줄 한 줄 순차적인 코드로 보이지만, I/O는 태스크의 사용에 따라 실제 비동기적으로 일어난다. 다른 언어처럼, 콜백callback 작업할 필요가 없다. 가능한 기법에 대한 더 자세한 내용은 http://docs.julialang.org/en/latest/stdlib/base/의 'I/O와 네트워크' 절을 참고한다.

데이터베이스 활용

ODBC[Open Database Connectivity]는 주요 데이터베이스와 데이터 소스[data source]를 연결하는 저수준 프로토콜이다(세부사항은 http://en.wikipedia.org/wiki/Open_Database_Connectivity를 참고한다.).

줄리아에는 ODBC 데이터 소스와 연결할 수 있는 ODBC 패지키가 있다. 패키지는 `Pkg.add("ODBC")`로 설치할 수 있으며, 코드 시작 부분에 `using ODBC`를 넣는다.

패키지는 서버 이름, 데이터베이스, 인증[credentials] 등과 같은 상세한 연결 정보를 가진 DSN[Data Source Name] 시스템과 작동할 수 있다. 모든 운영체제는 DSN을 생성하는 자체 유틸리티가 있다. 윈도우에서 ODBC 관리자는 **Configuration ➤ System Administration ➤ ODBC Data Sources**를 통해 사용할 수 있고, 다른 시스템도 IODBC나 Unix ODBC가 있다.

예를 들어, SQL 서버나 MySQL 서버에서 실행하는 pubs라는 데이터베이스가 있다고 하자. 연결은 DSN pubsODBC를 통해 할 수 있다. 다음과 같이 데이터베이스를 연결해보자.

```
# Chapter 8\odbc.jl 코드
using ODBC
ODBC.connect("pubsODBC")
```

다음과 같은 결과를 반환한다.

```
ODBC Connection Object
----------------------
Connection Data Source: pubsODBC
pubsODBC Connection Number: 1
    Contains resultset? No
```

다음과 같이 변수 conn에 연결 객체를 저장할 수도 있다.

```
conn = ODBC.connect("pubsODBC")
```

데이터베이스 자원을 저장하거나 다중 연결을 처리하기 위해 disconnect(conn)으로 연결을 닫을 수 있다.

titles 테이블에 쿼리를 실행하기 위해 다음과 같이 query 함수를 사용해야 한다.

```
results = query("select * from titles")
```

결과는 타입 DataFrame으로 18×10차원이다. 테이블은 18행과 10열을 가진다. 다음은 일부 열이다.

```
| Row | title                                            |
|-----|--------------------------------------------------|
| 1   | "The Busy Executive's Database Guide"            |
| 2   | "Cooking with Computers: Surreptitious Balance Sheets"|
| 3   | "You Can Combat Computer Stress!"                |
| 4   | "Straight Talk About Computers"                  |
| 5   | "Silicon Valley Gastronomic Treats"              |
| 6   | "The Gourmet Microwave"                          |
:
Row  | _type          | pub_id | price | advance | royalty | ytd_sales |
-----|----------------|--------|-------|---------|---------|-----------|
1    | "business    " | "1389" | 19.99 | 5000.0  | 10      | 4095      |
2    | "business    " | "1389" | 11.95 | 5000.0  | 10      | 3876      |
3    | "business    " | "0736" | 2.99  | 10125.0 | 24      | 18722     |
4    | "business    " | "1389" | 19.99 | 5000.0  | 10      | 4095      |
5    | "mod_cook     " | "0877" | 19.99 | 0.0     | 12      | 2032      |
6    | "mod_cook     " | "0877" | 2.99  | 15000.0 | 24      | 22246     |
```

쿼리 결과를 변수에 저장하지 않더라도 conn.resultset에서 검색할 수 있다. conn은 기존 연결이다. 이 데이터에 대해 데이터프레임의 모든 기능을 사용할 수 있다. 데이터 변경 쿼리도 같은 방법으로 작동한다.

```
updsql = "update titles set type = 'psychology' where title_id='BU1032'"
query(updsql)
```

실행에 성공했다면, 0×0 데이터프레임을 반환한다. 어떤 ODBC 드라이버가 설치되어 있는지 확인하려면 listdrivers()를 사용한다. DSN 목록은 listdsns()로 알 수 있다.

줄리아에는 Memcache, FoundationDB, MongoDB, Redis, MySQL, SQLite, PostgreSQL에 대한 데이터베이스 드라이비가 있다(https://github.com/svaksha/Julia.

jl/blob/master/Database.md#postgresql을 참고한다.).

병렬 연산과 컴퓨팅

멀티 코어 CPU와 클러스터 컴퓨팅 세계에서 새로운 언어는 탁월한 병렬 컴퓨팅 기능을 반드시 갖춰야 한다. 병렬 컴퓨팅 기능에 있어, 줄리아는 뛰어난 장점을 가진다. 줄리아는 같은 머신에서든 원격^{remote} 머신에서든 실행할 수 있는 다중 프로세스 간 메시지 전달 기반 환경을 제공한다. 그런 점에서 액터^{actor} 모델(얼랭^{Erlang}, 일릭서 ^{Elixir}, 다트^{Dart} 언어와도 같다.)을 구현한 것이지만, 프로세스 또는 워커^{worker} 간 메시지를 보내고 받는 것보다 높은 수준에서 실제 코드를 작성할 수 있다. 개발자는 모든 워커를 시작하는 주^{main} 워커만 관리하면 된다. 그리고 메시지를 주고받는 연산은 함수 호출과 같이 고수준 연산자로 처리한다.

프로세스 생성

REPL로 실행해 줄리아를 실행하거나 사용할 수 있는 워커 n개로 애플리케이션을 실행할 수 있다. 다음 명령으로 로컬 머신의 n개 프로세스를 실행한다.

```
# Chapter 8\parallel.jl 코드
julia -p n # n개 워커로 REPL 시작하기
```

워커는 스레드가 아닌 개별 프로세스다. 따라서 메모리를 공유하지 않는다.

컴퓨터를 최대한 활용하기 위해 n을 프로세서 코어 수로 설정한다. 예를 들어, n이 8이면 사실 9개 워커를 사용한다. REPL 셸 자체가 하나이고, 8개는 병렬 태스크를 처리할 준비를 한다. 모든 워커는 자신만의 정수 식별자를 갖는데, worker() 함수를 호출해 wokers를 볼 수 있다.

```
8-element Array{Int64,1} containing: 2 3 4 5 6 7 8 9
```

프로세스 1은 REPL 워커다. 다음 명령으로 모든 워커에 작업을 실행할 수 있다.

```
for pid in workers()
    # 각 프로세스로 작업을 처리한다.  (pid = process id)
end
```

각 워커는 `myid()` 함수로 자신의 프로세스 ID를 구할 수 있다. 차후, 더 많은 워커가 필요하면 새로운 워커를 추가하는 것은 쉽다.

```
addprocs(5)
```

이 명령은 프로세스 식별자 `10 11 12 13 14`를 포함한 5-element `Array{Any,1}`을 반환한다. 기본 메소드는 로컬 머신에 워커를 추가하지만, `addprocs` 메소드는 SSH 로 원격 머신에서 시작할 프로세스를 아규먼트로 받는다. SSH는 안전하게 암호화된 셸을 통해 원격 머신에서 명령을 실행할 수 있도록 하는 보안 셸 프로토콜^{secure shell protocol}이다.

`nprocs()`로 사용 중인 워커 수를 구한다. 여기서는 14다. 워커는 식별자와 `rmprocs()`를 호출해 제거할 수 있다. 예를 들면, `rmprocs(3)`는 ID 3을 가진 워커를 멈춘다.

모든 워커는 TCP 포트로 통신하며 같은 컴퓨터에서도 실행된다. 이를 로컬 클러스터^{local cluster}라고 부르는 이유다. 컴퓨터의 클러스터에서 워커를 활성화하기 위해 다음과 같이 줄리아를 실행한다.

```
julia --machinefile machines driver.jl
```

여기서 `machines`는 실행하고자 하는 컴퓨터 이름이 있는 파일이다. 다음과 같다.

```
node01
node01
node02
node02
node03
```

`node01`, `node02`, `node03`는 클러스터에 있는 3개의 컴퓨터 이름이고, 각각 `node01`, `node02`에서 두 워커를 시작하며, `node3`에서는 하나의 워커를 시작한다.

driver.jl 파일은 프로세스 식별자 1을 가지고 계산을 실행하는 스크립트다. 이 명령은 특정 머신에서 워커 프로세스를 시작하기 위해 비밀번호가 없는 SSH 로그인을 사용한다. 다음 화면은 병렬 연산을 실행할 때 8개 코어 컴퓨터에 있는 8개 프로세서를 보여준다.

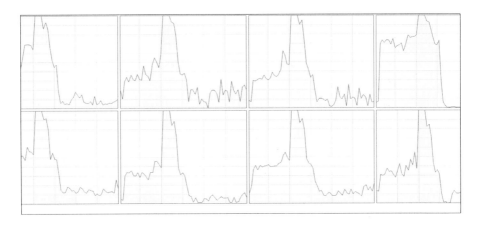

수평축은 시간이고 수직축은 CPU 사용량이다. 각각의 코어에 아주 긴 피보나치 계산을 실행할 워커 프로세서가 할당되었다.

개별 대칭형 멀티프로세서$^{symmetric\ multiprocessor}$ 시스템이나 클라우드를 포함한 원격 컴퓨터 클러스터 모두에서, 마스터 줄리아 프로세스에 프로세스를 동적으로 추가하거나 제거할 수 있다. 좀 더 다양한 기능이 필요하면 ClusterManager 타입으로 작업할 수 있다(http://docs.julialang.org/en/latest/manual/parallel-computing/을 참고하자.).

저수준 통신 사용

줄리아 기본 병렬 컴퓨팅 모델은 두 가지 요소를 기반으로 한다. 그것은 바로 원격 호출$^{remote\ call}$과 원격 참조$^{remote\ reference}$다. 이 수준에서는 특정 워커에서 remotecall에 실행할 함수와 함수에 대한 아규먼트를 넣으면 결과를 가져온다. 다음 코드는 기본적인 코드로, 1000의 제곱을 구하도록 워커 2를 호출한다.

```
r1 = remotecall(2, x -> x^2, 1000)
```

RemoteRef(2,1,20)을 반환한다.

아규먼트는 워커 ID, 함수, 함수의 아규먼트다. 이런 원격 호출은 결과를 바로 반환하고, 주 워커를 멈추게 하지 않는다. 원격 워커가 부여받은 작업을 실행하는 동안 주 프로세스는 계속 실행된다. remotecall 함수는 계산된 결과를 참조할 수 있는 RemoteRef 타입의 객체를 반환한다. fetch를 사용해 값을 가져온다.

fetch(r1)은 1000000을 반환한다.

fetch 호출은 워커 2가 계산을 끝낼 때까지 주 프로세스를 멈추게 한다. 주 프로세스도 원격 호출의 결과가 사용 가능할 때까지 멈추게 하는 wait(r1)을 실행할 수 있다. 로컬 연산에서 원격 결과가 즉시 필요하다면 다음 명령을 사용한다.

remotecall_fetch(5, sin, 2pi)는 -2.4492935982947064e-16을 반환한다.

이는 fetch(remotecall(..))보다 좀 더 효율적이다.

첫 번째 아규먼트로 명시한 워커에 두 번째 아규먼트인 표현식을 실행하도록 @spawnat 매크로를 사용할 수 있다.

```
r2 = @spawnat 4 sqrt(2) # 워커 4에게 sqrt(2)를 계산하도록 한다.
fetch(r2) # 1.4142135623730951을 반환한다.
```

@spawn 매크로는 실행할 워커를 단독으로 결정하기 때문에 실행할 표현식만 넣을 수 있다. 사용하기가 더 쉽다. r3 = @spawn sqrt(5)는 RemoteRef(5,1,26)을 반환하고 fetch(r3)는 2.23606797749979를 반환한다.

모든 워커에 특정 함수를 실행하려면 컴프리헨션을 사용할 수 있다.

```
r = [@spawnat w sqrt(5) for w in workers()]
fetch(r[3]) # returns 2.23606797749979
```

모든 워커에 같은 명령문을 실행하기 위해 @everywhere 매크로를 사용할 수도 있다.

```
@everywhere println(myid()) 1
        From worker 2: 2
        From worker 3: 3
        From worker 4: 4
        From worker 7: 7
        From worker 5: 5
        From worker 6: 6
        From worker 8: 8
        From worker 9: 9
```

각 워커는 다른 프로세스에 해당하며 변수를 공유하지 않는다. 예를 들면 다음과 같다.

```
x = 5 #> 5
@everywhere println(x) #> 5
# exception on 2 exception on : 4: ERROR: x not defined ...
```

변수 x는 주 프로세스만 알고 있으며, 다른 모든 워커는 ERROR: x not defined 오류를 발생시킨다.

모든 프로세스에서 사용 가능한 변수 w를 정의하는 데 @everywhere를 사용할 수도 있다. @everywhere w = 8과 같다.

다음 예제는 모든 워커에게 defs.jl을 사용 가능하도록 한다.

```
@everywhere include("defs.jl")
```

다음처럼 함수 fib(n)을 정의할 수 있다.

```
@everywhere function fib(n)
    if (n < 2) then
        return n
    else return fib(n-1) + fib(n-2)
    end
end
```

이 태스크를 실행하기 위해 원격 워커는 실행할 함수에 접근해야 한다. 모든 워커는

require로 필요한 소스 코드 functions.jl을 로드해 모든 워커에서 사용하도록 한다.

```
require("functions")
```

클러스터에서, 이 파일의 내용(재귀적으로 로드한 파일)을 네트워크로 보낸다.

가장 좋은 방법은 두 파일로 코드를 나누는 방법이다. 병렬로 실행해야 하는 함수와 파라미터를 포함한 하나의 파일(functions.jl)과 결과를 수집하고 처리하는 또 다른 파일(driver.jl)이다. 모든 프로세스에 함수와 파라미터를 임포트하기 위해 driver.jl 파일 내부에 require("functions")를 사용한다.

다른 방법은 명령으로 로드할 파일을 명시하는 방법이다. 시작할 때 n개의 프로세서에 소스 파일 file1.jl과 file2.jl이 필요하다면, 구문 julia -p n -L file1.jl -L file2.jl driver.jl을 사용한다. driver.jl은 계산을 조직하는 스크립트다.

워커 간 데이터 이동(fetch 호출)은 성능과 확장성을 위해 가능한 한 많이 감소해야 한다.

모든 워커가 변수 d를 사용한다면, 다음 코드와 같이 모든 프로세스에게 브로드캐스트broadcast한다.

```
for pid in workers()
    remotecall(pid, x -> (global d; d = x; nothing), d)
end
```

각 워커는 데이터의 지역 변수 복사본을 가진다. 워커 스케줄링은 로킹locking이 없는 태스크로 실행한다(4장, '흐름 제어'의 '태스크' 절을 참고한다.). 이를테면, fetch나 wait와 같은 통신 연산을 실행하면 현재 태스크는 중단되며, 스케줄러는 실행할 다른 태스크를 선택한다. 대기 이벤트가 끝나면(예컨대, 데이터 출력) 현재 태스크는 다시 시작한다.

그러나 많은 경우, 줄리아에서 병렬 프로그래밍을 하기 위해 프로세서를 명시하거나 생성할 필요가 없다. 다음 절에서 보자.

병렬 반복문과 맵

많은 수의 반복에 대한 for 반복문은 병렬 실행을 적용할 좋은 대상이다. 줄리아에는 이를 위해 특수 구문이 있다. for 반복문과 컴프리헨션을 위한 @parallel 매크로를 사용할 수 있다.

유명한 부폰Buffon의 바늘 문제를 이용해 Π에 대한 근사치approximation를 계산하자. 같은 거리에 수직으로 나무 줄이 있다. 이때 바늘을 바닥에 떨어뜨리면 바늘이 두 줄을 가로지를 확률은 얼마인가? 다음 그림을 보자.

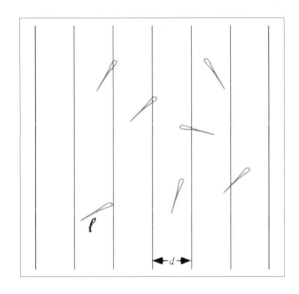

이 문제의 수학적 복잡성은 접어두자(관심이 있다면 http://en.wikipedia.org/wiki/Buffon's_needle을 참고한다.). 함수 buffon(n)은 바늘을 n번 던질 때, Π에 대한 근사치를 반환하는 모델 추정으로 추론할 수 있다.

```
# Chapter 8\parallel_loops_maps.jl 코드
function buffon(n)
    hit = 0
    for i = 1:n
        mp = rand()
        phi = (rand() * pi) - pi / 2 # 바늘이 떨어질 때 각도
        xright = mp + cos(phi)/2 # 바늘의 위치 x
```

```
        xleft = mp - cos(phi)/2
        # 바늘은 x == 0이나 x == 1에 가까운가?
        p = (xright >= 1 || xleft <= 0) ? 1 : 0
        hit += p
    end
    miss = n - hit
    piapprox = n / hit * 2
end
```

n을 증가시키면, 하나의 프로세서에서 하나의 스레드로 실행해야 하는 for 반복 수도 증가하기 때문에 계산 시간도 증가한다. 하지만 Π에 대한 추정은 더 정확해진다.

```
@time buffon(100000)
elapsed time: 0.005487779 seconds (96 bytes allocated)
3.1467321186947355
@time buffon(100000000)
elapsed time: 5.362294859 seconds (96 bytes allocated)
3.1418351308191026
```

하지만 사용 가능한 프로세서를 늘려 계산할 수 있을까? 이를 위해 코드를 약간 변경해야 한다. 순차적인 버전에서 변수 hit는 p로 인해 for 반복문 내에서 증가한다. 병렬 버전에서 이 p는 적용하는 프로세서의 하나에서 for 반복문의 결과이기 위해 코드를 재작성한다.

줄리아는 각 프로세스에서 범위를 나누고 반복문을 배포하고 반복문을 실행하는 @parallel 매크로를 제공한다. 첫 번째 아규먼트로 '리듀서reducer'를 선택적으로 입력받는다. 리듀서를 명시한다면, 각 원격 프로시저procedure의 결과를 리듀서를 사용해 합한다. 다음 예제에서, 리듀서로 (+) 함수를 사용한다. hit의 마지막 값을 계산하기 위해 각 워커의 병렬 블록의 마지막 값을 합한다.

```
function buffon_par(n)
    hit = @parallel (+) for i = 1:n
        mp = rand()
        phi = (rand() * pi) - pi / 2
        xright = mp + cos(phi)/2
```

```
        xleft = mp - cos(phi)/2
        (xright >= 1 || xleft <= 0) ? 1 : 0
    end
    miss = n - hit
    piapprox = n / hit * 2
end
```

8개 프로세서가 있는 컴퓨터에서 결과는 다음과 같다.

```
@time buffon_par(100000)
elapsed time: 0.005903334 seconds (296920 bytes allocated)
3.136762860727729
@time buffon_par(100000000)
elapsed time: 0.849702686 seconds (300888 bytes allocated)
3.141665751394711
```

반복이 더 늘어날수록 결과가 좋아진다(이 경우 6.3배다.). 일반 for 반복문을 병렬 리듀싱^{reducing} 버전으로 변경해, 계산 속도를 현저하게 향상할 수 있었지만 메모리는 더 사용했다. 따라서 일반적으로는 개발하는 버전에서 병렬 버전이 나은지 순차 버전이 나은지 확인해야 한다.

@parallel의 첫 번째 아규먼트는 리듀싱 연산자(+)이며, 두 번째 아규먼트는 반드시 같은 행에서 시작해야 하는 for 반복문이다. 반복문의 계산은 다른 반복문의 계산과 독립적이어야 한다. 반복문의 계산은 임의적으로 실행되기 때문이다. 워커 스케줄에 따라 반복문의 계산 순서가 변경된다. 실제 리덕션^{reduction}(이 경우, 합산)은 호출한 프로세스에서 실행한다.

병렬 반복문 내부에서 사용하는 변수는 각 프로세스에 복사된다. 그렇기 때문에 다음 코드는 배열 arr을 초기화하는 데 실패한다. 각 프로세스가 복사본을 가져야 하기 때문이다.

```
arr = zeros(100000)
@parallel for i=1:100000
    arr[i] = i
end
```

반복문 다음에 arr은 마스터 워커의 복사본이기 때문에 arr은 모두 0이다.

일부 컬렉션에 있는 모든 원소에 함수를 적용하는 계산 태스크라면, pmap 함수로 병렬 맵^{parallel map}을 사용한다. pmap 함수는 pmap(f, coll)과 같은 형태다. 병렬적으로 컬렉션 coll의 각 원소에 함수 f를 적용하고, 결과로 컬렉션의 순서를 보존한다. 큰 매트릭스의 계수^{rank}를 계산한다고 할 때, 다음과 같이 순차적으로 할 수 있다.

```
function rank_marray()
    marr = [rand(1000,1000) for i=1:10]
    for arr in marr
        println(rank(arr))
    end
end
@time rank_marray() # prints out ten times 1000
elapsed time: 4.351479797 seconds (166177728 bytes allocated, 1.43% gc
time)
```

병렬화로 개선한다(1.6배).

```
function prank_marray()
    marr = [rand(1000,1000) for i=1:10]
    println(pmap(rank, marr))
end
@time prank_marray()
elapsed time: 2.785466798 seconds (163955848 bytes allocated, 1.96% gc
time)
```

@parallel 매크로와 pmap 함수는 모두 맵리듀스^{map-reduce} 문제를 해결하는 강력한 도구다.

분산 배열

아주 큰 배열을 계산하고자 할 때 각 프로세스가 배열의 다른 부분에 대해 병렬로 작업할 수 있도록 배열을 분산화할 수 있다. 이러한 방법으로 다수 컴퓨터의 메모리 자원을 사용할 수 있고, 한 컴퓨터에서 적합화하기 너무 큰 배열을 변경하도록 한다.

이러한 특정 데이터 타입을 분산 배열^{DArray, distributed array}이라 한다. 대부분의 연산은 정확히 일반 Array 타입처럼 다룰 수 있다. 병렬화는 없다. DArray로 각 프로세스는 데이터의 일부에 대해 지역 접근을 할 수 있으며 두 프로세스는 같은 데이터를 공유하지 못한다. 예를 들면, 다음 코드는 100×100인 무작위 수의 분산 배열을 생성하고 4개의 워커에서 나눈다. 세 번째 아규먼트의 데이터 구분은 네 개의 워커에게 균등하게 데이터 열을 나누기 위해서다.

```
# Chapter 8\distrib_arrays.jl 코드
arr = drand((100,100), workers()[1:4], [1,4])
100x100 DArray{Float64,2,Array{Float64,2}}:
```

DArray의 다음 특성은 이를 명확하게 한다.

```
arr.pmap # 워커들? 4-element Array{Int64,1}: 2 3 4 5
arr.indexes # 워커 인덱스
Array{(UnitRange{Int64},UnitRange{Int64}),2}:
(1:100,1:25) (1:100,26:50) (1:100,51:75) (1:100,76:100)
arr.cuts # 나누어진 데이터
2-element Array{Array{Int64,1},1}:
[1,101]
[1, 26, 51, 76, 101]
arr.chunks # 워커 참조:
1x4 Array{RemoteRef,2}:
RemoteRef(2,1,11164) RemoteRef(3,1,11165) ... RemoteRef(5,1,11167)
```

DArray는 다음과 같이 @parallel 매크로로 생성할 수 있다.

```
da = @parallel [2i for i = 1:10]
# 10-element DArray{Int64,1,Array{Int64,1}}: ...
```

다음 코드는 사용 가능한 워커에게 나눌 분산 배열을 생성한다.

```
DArray((10,10)) do I
    println(I)
    return zeros(length(I[1]),length(I[2]))
end
```

(I는 자동으로 생성한 인덱스 범위 튜플이다.).

0으로 이루어진 10×10인 배열을 사용 가능한 워커에게 나눈 결과를 반환한다.

```
From worker 2: (1:5,1:3)
From worker 8: (1:5,9:10)
From worker 4: (1:5,4:5)
From worker 3: (6:10,1:3)
From worker 5: (6:10,4:5)
From worker 7: (6:10,6:8)
From worker 6: (1:5,6:8)
From worker 9: (6:10,9:10)
10x10 DArray{Float64,2,Array{Float64,2}}: 0.0 0.0 0.0 0.0 ....
```

분산 배열에 대한 좀 더 많은 정보는 http://docs.julialang.org/en/latest/manual/
parallel-computing/#distributed-arrays를 참조한다.

큰 병렬 애플리케이션을 만들기 위한 줄리아 모델은 전역 분산 주소 공간에 의해
작동된다. 계산에 참여하는 다른 컴퓨터에 있는 객체를 참조할 수 있다는 의미다.
이러한 참조는 쉽게 변경되고 컴퓨터 간에 쉽게 전달되며, 계산되는 공간을 간편하
게 추적할 수 있도록 한다. 필요할 때 계산 중간에 컴퓨터를 추가할 수 있다.

요약

이번 장에서는 많은 주제를 다뤘다. 줄리아에서 I/O 시스템을 생성하는 방법, 파일
과 데이터프레임을 사용하는 방법, ODBC를 사용해 데이터베이스와 연결하는 방법
등을 설명했다. 또한 줄리아에서의 네트워크 프로그래밍에 대한 기본도 소개했고, 기
본 연산에서 맵리듀스 함수, 분산 배열까지 병렬 컴퓨팅 기능의 개관도 살펴봤다. 다
음 장에서는 운영체제 명령 및 다른 언어와 상호작용하는 방법과 성능 팁을 다룬다.

9

외부 프로그램 실행

가끔은 외부 환경과 연동할 코드가 필요하다. 이를테면, 운영체제에 있는 프로그램이나 C와 포트란 같은 다른 언어로 작성한 코드다. 이번 장에서는 줄리아에서 외부 프로그램을 실행하는 방법과 다음 주제를 다룬다.

- 셸 명령어 실행: 보간[Interpolation]과 파이프라이닝[Pipelining]
- C나 포트란 호출
- 파이썬 호출
- 성능 팁

셸 명령어 실행: 보간과 파이프라이닝

RELP에서 운영체제와 연동하려면, 다음과 같은 일부 함수를 사용한다.[1]

- `pwd()`: 현재 디렉터리를 출력한다. 이를테면, `"d:\\test"`와 같다.
- `cd("d:\\test\\week1")`: 디렉터리를 이동한다.
- 대화형 셸에서 `;`을 입력하면 셸 모드를 사용할 수 있다.

---

1 유닉스 계열 명령어를 예로 들고 있다. 윈도우 명령어가 아닌 명령어는 윈도우에서 실행되지 않는다. – 옮긴이

- ∘ ; ls: 현재 디렉터리의 파일이나 하위 디렉터리를 출력한다. 예컨대, file1.txt shell.jl test.txt tosort.txt와 같다.
- ∘ ; mkdir folder: folder라는 디렉터리를 생성한다.
- ∘ ; cd folder: foler로 이동한다.

그러나 줄리아 프로그램에서 운영체제의 셸 명령을 실행하고자 한다면? run 함수를 사용해 셸 통합을 효과적으로 할 수 있다. Run 함수는 백틱^{backtick}(``)으로 감싼 명령어 문자열인 cmd 타입을 입력받는다.

```
# Chapter 9\shell.jl 코드
cmd = `echo Julia is smart`
typeof(cmd)  #> Cmd
run(cmd) # Julia is smart 출력
run(`date`) #> Sun Oct 12 09:44:50 GMT 2014
cmd = `cat file1.txt`
run(cmd) # file1.txt 파일 내용 출력
```

 작은 따옴표(')가 아니라 백틱(`)으로 명령어를 감싸야 한다.

운영체제의 cmd를 실행하지 못하면, run 함수는 failed process 오류를 발생시킨다. 명령을 실행하기에 앞서, 명령을 확인할 수 있다. 문제가 없으면 success(cmd)는 true를 반환한다. 그렇지 않으면 false를 반환한다.

줄리아 프로세스에서 자식 프로세스^{child process}로 명령을 분기한다^{fork}. 셸에서 명령어를 즉시 실행하는 대신에 백틱은 실행할 수 있는 명령인 Cmd 객체를 만들고, 파이프^{pipe}로 다른 명령과 연결하고, 파이프에 읽거나 쓴다.

보간

$를 사용하는 문자 보간^{interpolation}은 명령 객체에서도 그대로 통용된다.

```
file = "file1.txt"
```

```
cmd = `cat $file`  # `cat file1.txt`와 같다.
run(cmd)  #> file1.txt 파일 내용 출력
```

문자열에서 $를 사용하는 문자 보간과 매우 유사하다(2장, '변수, 타입, 연산'의 '문자열'
설을 참고한다.).

파이프라이닝

줄리아에서 |>은 파이프라인 연산자로, 명령의 결과를 다음 명령의 입력으로 리다
이렉션^{redirection}한다.

```
run(`cat $file`  |> "test.txt")
```

이렇게 실행하면, $file로 지정한 파일의 내용을 test.txt에 적는다. 다음과 같다.

```
run("test.txt"  |> `cat`)
```

이 파이프라인 연산자는 다음과 같이 연속적으로 사용할 수 있다.

```
run(`echo $("\nhi\nJulia")`  |> `cat`  |> `grep -n J`)  #> 3:Julia
```

파일 tosort.txt에 B A C가 연속적인 행이라면 다음 명령은 행을 정렬한다.

```
run(`cat "tosort.txt"`  |> `sort`)  # A B C를 반환한다.
```

현재 폴더의 모든 텍스트 파일에서 문자 "ls"를 찾는다면, 다음 명령어를 사용한다.

```
run(`grep is $(readdir())`)
```

줄리아에서 명령어의 결과를 가져오려면 readall이나 readline을 사용한다.

```
a = readall(`cat "tosort.txt"`  |> `sort`)
```

a는 "A\r\nB\r\nC\n"이다.

& 연산자로 다수 명령을 병렬로 실행할 수도 있다.

```
run(`cat "file1.txt"`  & `cat "tosort.txt"`)
```

결과가 동시에 출력되기 때문에 두 파일 내용이 서로 엉켜 출력된다.

이 기능을 주의해서 사용해야 한다. 이 코드는 줄리아를 실행하는 운영체제에 따라 다른 결과를 낸다. 변수 OS_NAME이나 플랫폼 종류를 알 수 있도록 만든 @windows, @unix, @linux, @osx 매크로를 사용해 운영체제를 파악할 수 있다. 예를 들어 윈도우에서는 함수 fun1()을 실행하고, 그렇지 않으면 함수 fun2()를 실행하고자 한다면 다음과 같이 작성한다.

```
@windows ? fun1() : fun2()
```

C나 포트란 호출

줄리아는 C나 포트란 코드를 작성하지 않아도 될 정도의 성능을 지녔지만, 기존 C나 포트란 라이브러리를 사용할 수도 있다. 줄리아는 접착clue 코드, 연결 코드 없이, 직접적으로 이러한 라이브러리의 함수를 호출할 수 있다. 왜냐하면, 줄리아의 LLVM 컴파일러는 C 코드 자체에서 함수를 호출하듯이 정확히 같은 부가 작업overhead으로 줄리아에서 C 함수를 호출하는 나이브 코드를 생성하기 때문이다. 그러나 일부 사항은 숙지해야 한다.

- C 외부에서 함수 호출을 위해 포인터 타입을 사용해야 한다. 나이브 포인터 Ptr{T}는 T 타입의 변수에 대한 메모리 주소일 뿐이다.
- 좀 더 낮은 수준에서는 bitstype을 사용한다. Int8, Uint8, Int32, Float64, Bool, Char와 같은 bitstype은 비트로 연결된 구상 타입이다.
- C로 문자열을 보내기 위해 bytestring() 함수를 활용해 연속적인 바이트 배열을 만든다. C 문자열에 대한 Ptr을 넣으면, 이는 줄리아 문자열로 반환한다.

동적 라이브러리shared library에 있는 C 함수를 호출하는 방법에 대해 알아보자(포트란도 유사하다.). 시스템의 환경 변수 값을 알려고 한다고 하자. 즉, 동적 라이브러리 libc에 있는 C 함수 getenv를 호출해 이 값을 얻고자 한다.[2]

---

2 이 코드는 리눅스에서 작동한다. 윈도우에서는 ERROR: error compiling anonymous: could not load module libc: The specified module could not be found 오류를 출력한다. – 옮긴이

```
# Chapter 9\callc.jl 코드
lang = ccall( (:getenv, "libc"), Ptr{Uint8}, (Ptr{Uint8},), "LANGUAGE")
```

이는 Ptr{Uint8} @0x00007fff8d178dad를 반환한다. 문자열을 보기 위해 bytestring(lang)을 실행하면, en_US를 반환한다.

일반적으로, ccall은 다음 아규먼트를 입력으로 받는다.

- 심볼인 C 함수(여기서는 getenv) 이름, 문자열인 라이브러리 이름의 튜플인 (:function, "library")
- bitstype이나 Ptr인 반환 타입(여기서는 Ptr{Unit8}이다.)
- 입력 아규먼트 타입의 튜플(여기서는 (Ptr{Uint8})이며 튜플임을 기억하자.)
- 실제 아규먼트(여기서는 "LANGUAGE"다.)

호출하기 전에 라이브러리가 있는지 확인할 필요가 있다. find_library(["libc"])를 사용한다. 라이브러리가 있다면 "libc"를 반환하고, 없다면 ""을 반환한다.

포트란 함수를 호출할 때, 모든 입력을 참조reference로 전달해야 한다. 일반적으로, C 함수 아규먼트는 자동으로 변환되고, C 타입 반환값은 줄리아 타입으로 변환한다. 불린 배열은 C와 줄리아에서 다르기 때문에 직접 전달하지 못하고 수동으로 변환해야 한다. 일부 시스템 의존 타입도 마찬가지다.

ccall 함수는 호출에서 반환이 올 때까지 가비지에서 모든 아규먼트를 자동으로 보존하고 있다. C 타입은 줄리아 타입과 연결된다. 이를테면, short는 Int64이며 double은 Float64다.

이 관계의 완벽한 표는 줄리아 문서 http://docs.julialang.org/en/latest/manual/calling-c-and-fortran-code/에 있다. C 코드에서 줄리아 함수를 호출하는 방법도 가능하다(C에 줄리아 코드를 넣는다.). http://docs.julialang.org/en/latest/manual/embedding/을 참고한다. 줄리아와 C는 복사하지 않고 배열을 공유한다. C 코드에서 줄리아 코드를 호출하는 방법은 콜백 함수 형태다(http://julialang.org/blog/2013/05/callback/을 참조).

기존 C 코드가 있다면, 줄리아에서 호출할 동적 라이브러리로 먼저 컴파일해야 한다. GCC를 이용해, `-shared -fPI`로 동적 라이브러리를 생성할 수 있다. C++에 대한 지원은 좀 더 제한적이지만, Cpp와 Clang 패키지에서 지원한다.

파이썬 호출

PyCall 패키지는 줄리아 코드에서 파이썬을 호출하도록 지원한다. `Pkg.add("PyCall")`로 패키지를 추가할 수 있으며, REPL에서 다음과 같이 사용할 수 있다.

```
using PyCall
pyeval("10*10") #> 100
@pyimport math
math.sin(math.pi / 2) #> 1.0
```

`@pyimport` 매크로로 파이썬 라이브러리를 쉽게 임포트할 수 있다. 라이브러리에 있는 함수는 점(.) 표기법으로 호출할 수 있다.

자세한 내용은 https://github.com/stevengj/PyCall.jl을 참고한다.

성능 팁

이 책 전반에 걸쳐, 성능에 주의를 기울었다. 여기서는 일부 중요한 성능 관련 주제를 요약하고 추가적인 팁을 제공하고자 한다. 이러한 팁은 항상 사용되지는 않지만 성능 비교, 코드 프로파일링, 팁을 적용하면 현저한 성능 개선을 이룰 수 있다. 타입 애노테이션을 꼭 사용해야 하는 것은 아니지만, 줄리아 타입 엔진은 다음과 같이 작동한다.

- 전역 변수 사용 제한. 꼭 필요하다면 상수를 만들거나 적어도 타입 애노테이션을 사용한다. 지역 변수 사용을 추천한다. 특히 전역 변수가 변경 불가능하다면, 스택에서 유지된다.
- 함수 아규먼트를 통해 변수를 입력받고 지역 변수와 작동하는 함수를 만든다.

전역 객체를 변경하기보다는 지역 변수 결과를 반환하도록 한다.

- 타입 안정$^{\text{type stability}}$은 매우 중요하다.
  - 전체적으로 변수 타입을 변경하는 것을 피하라.
  - 함수의 반환 타입은 아규먼트의 타입에만 의존해야 한다.

  함수에서 사용할 타입을 알지 못하더라도, 타입 T 및 U와 같이 항상 타입을 염두에 둔다. 다음과 같이 유념해서 함수를 정의한다.

```
function myFunc{T,U}(a::T, b::U, c::Int)
    # code
end
```

- 커다란 배열이 필요하다면, sizehint로 고정된 크기를 명시한다(2장, '변수, 타입, 연산'의 '범위와 배열' 절을 참고한다.).
- 더 이상 필요 없는 arr이 매우 큰 배열이 있다면 arr = nothing으로 메모리를 해제한다. 점유되었던 메모리는 다음 가비지 컬렉션 실행에서 해제된다. gc()를 호출해서 강제로 할 수도 있다.
- 특정한 경우(실시간 애플리케이션과 같은) gc_disable()로 (임시적으로) 가비지 컬렉션을 실시하지 못하도록 하는 것은 유용하다.
- 이름 없는 함수보다 이름 있는 함수를 사용한다.
- 일반적으로, 작은 함수를 작성한다.
- 함수 내부에서 아규먼트의 타입을 확인하지 않는다. 대신, 아규먼트 타입 애노테이션을 사용한다.
- 필요하다면, 멀티플 디스패치가 적용되도록 타입에 따른 함수의 다른 버전(일부 메소드)을 만든다. 일반적으로는 반드시 필요하지 않다. JIT 컴파일이 다입에 대해 최적화되도록 한다.
- 키워드 아규먼트에 대해 타입을 사용한다. 키워드 아규먼트의 동적 리스트에 대해 스플랫^{splat} 연산자를 사용하지 않는다.
- 특히, 큰 배열을 복사하지 않기 위해 변경 API(!으로 끝나는 함수)를 사용하는 것은 유용하다.

- 컴프리헨션보다 배열 연산을 선호하자. 이를테면, `[val^2 for val in x]`보다 `x.^2`가 더 빠르다.
- 계산의 내부 반복문에 `try/catch`를 사용하지 말자.
- 변경 불가능 타입을 사용한다(이를테면, 패키지 ImmutableArray를 사용한다.).
- 특히, 컬렉션 타입 내부에서 타입 `Any` 사용을 피한다.
- 복합 타입 내부에서 타입 애노테이션을 사용한다.
- 많은 변수, 큰 임시 배열, 컬렉션 사용을 피한다. 이는 가비지 컬렉션을 자주 호출하도록 한다. 꼭 필요하지 않으면 변수를 복사하지 않는다.
- 파일에 적을 때, 문자열 보간(`$`) 사용을 피한다. 값을 적는다.
- 배열과 매트릭스를 사용하는 대신에, 배열 원소에 대해 `for` 반복문을 사용한다(R, MATLB, 파이썬의 일반적인 성능 개선법과 정확히 반대다.).
- 가능한 한 일반적인 `for` 반복문 대신, `@parallel`로 병렬 리듀싱[reducing] 형태를 사용한다(8장, 'I/O, 네트워킹, 병렬 컴퓨팅'을 참고한다.).
- 병렬 처리에서 워커 간의 데이터 이동을 가능한 한 줄인다(8장, 'I/O, 네트워킹, 병렬 컴퓨팅'을 참고한다.).
- 디프리케이션[deprecation] 경고를 제거한다.
- (`BoundsError` 발생이 확실하다면) 표현식에서 배열 바운드 체킹이 일어나지 않도록 매크로 `@inbounds`를 사용한다.
- 런타임에 `eval` 사용을 피한다.

사용 도구

메모리 할당과 경과 시간을 조사하기 위해, 일정 파라미터 값을 가진 함수를 `@time`과 함께 실행한다(3장, '함수'의 '제네릭 함수와 멀티플 디스패치' 절을 참고한다.). 너무 많은 메모리를 사용하면, 타입에 대해 코드를 조사한다.

array_product_benchmark.jl 스크립트에 있는 다른 팁과 기술을 다뤄보자. 타입 any를 추론하는 것을 보기 위해 code_typed를 사용한다(7장, '메타프로그래밍'의 '리플렉션' 절을 참고한다.).

Linter 도구는 코드를 향상하기 위한 모든 제안이나 경고를 제공한다. 다음과 같이 사용한다.

```
Pkg.add("Lint")
using Lint
lintfile("performance.jl")
```

다음과 같이 출력한다.

```
performance.jl [ ] 33 ERROR Use of undeclared symbol a
performance.jl [with_keyword] 6 INFO Argument declared but not used:
name
performance.jl [ ] 21 INFO A type is not given to the field name,
which can be slow
```

TypeCheck 패키지로 일부 유용한 타입을 확인하거나 타입 안정$^{type\ stability}$을 조사할 수 있다. 예를 들어, 함수의 반환 타입이나 반복문에서 타입을 체크한다.

표준 라이브러리에 있는 profiler 도구는 실행 코드의 성능을 측정하거나 병목이 일어날 만한 코드를 찾기 위해 사용한다. 매크로 @profile과 코드를 호출하면 된다(http://docs.julialang.org/en/latest/stdlib/profile/#stdlib-profiling을 참고한다.). ProfileView 패키지는 프로파일 결과를 조사할 수 있는 뛰어난 그래픽 브라우저를 제공한다(https://github.com/timholy/ProfileView.jl의 튜토리얼을 참고한다.).

성능에 대한 더 많은 팁과 예제, 논의는 http://docs.julialang.org/en/latest/manual/performance-tips/를 참고한다.

디버그는 https://github.com/toivoh/Debug.jl을 사용할 수 있으며 버전 0.4에 포함될 예정이다.

요약

이번 장에서는 운영체제 수준에서 명령을 실행하는 방법을 알아봤다. C와의 연동은 그다지 어렵지 않지만 꼭 알아야 할 부분이 다소 있었다. 마지막으로, 줄리아의 코드 성능을 향상하기 위한 다양한 방법을 살펴봤다. 이어지는 마지막 장에서는 실제 프로젝트에 사용할 수 있는 주요 패키지를 소개한다.

10
표준 라이브러리와 패키지

마지막 장에서는 표준 라이브러리를 다시 살펴보고, 빠르게 성장하고 있는 줄리아 생태계에 대해 살펴보자. 다음 주제를 다룬다.

- 표준 라이브러리 이해 높이기
- 줄리아 패키지 매니저
- 패키지 만들기
- 줄리아에서 그래픽
- 데이터에 Gadfly 활용

표준 라이브러리 이해 높이기

표준 라이브러리는 줄리아로 작성되었으며 다양한 기능을 제공한다. 정규 표현식, 날짜와 시간(버전 0.4), 패키지 매니저, 국제화, 유니코드, 선형대수, 복소수, 특수 수학 함수, 통계, I/O와 네트워킹, 빠른 푸리에 변환FFT, Fast Fourier Transformations, 병렬 컴퓨팅, 매크로, 리플렉션 등이다. 줄리아는 수치 계산과 데이터 과학을 위한 단단하고 넓은 토대를 제공한다(이를테면, Numpy가 제공하는 것보다 훨씬 다양하다.). 수치 계산과 데이터 과학에 중점을 두었지만, 일반 목적 프로그래밍 언어도 지향한다.

표준 라이브러리의 소스 코드는 줄리아 상위 설치 폴더의 하위 폴더인 share\julia\base에 있다. 줄리아로 작성한 코드는 자연스럽게 이 소스 코드로 연결된다. 이를 테면, methods()는 특정 함수의 모든 메소드를 볼 수 있으며 @which 매크로를 사용해 특정 메소드를 찾을 수 있다(3장, '함수'의 '제네릭 함수와 멀티플 디스패치' 절을 참고한다.). IJulia는 다음과 같이 소스 코드에 하이퍼링크도 제공한다.

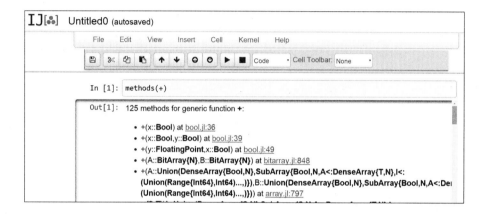

이전 장들에서는 가장 중요한 타입과 함수를 다뤘다. 좀 더 완벽한 개관에 대한 내용은 http://docs.julialang.org/en/latest/stdlib/base/를 참고한다.

줄리아는 reduce, fold, min, max, sum, any, all, map, filter 같은 컬렉션에 대한 풍부한 함수를 제공한다. 다음은 일부 예제다.

- filter(f, coll)은 컬렉션 coll의 모든 원소에 함수를 적용한다.

```
# Chapter 10\stdlib.jl 코드
filter(x -> iseven(x), 1:10)
```

2, 4, 6, 8, 10인 5-element Array{Int64,1}을 반환한다.

- mapreduce(f, op, coll)은 coll의 모든 원소에 함수 f를 적용한 후, 그 결과에 연산 op를 적용해 하나의 결과로 만든다.

```
mapreduce(x -> sqrt(x), +, 1:10) #> 22.4682781862041
# 아래와 같은 역할을 한다.
```

```
sum(map(x -> sqrt(x), 1:10)
```

- 파이프라인 연산자(|>)는 매우 함수다운 코드를 작성하도록 한다. x |> f 형태를 사용하면 아규먼트 x를 함수 f에 적용하고, 이 함수의 결과는 다음 함수로 연결될 수 있다. 다음 표기는 이전 예를 다시 작성한 것이다.

```
1:10 |> (x -> sqrt(x)) |> sum
```

또는 다음과 같이 작성할 수도 있다.

```
1:10 |> sqrt |> sum
```

REPL에서 작업할 때, 시스템 클립보드를 사용해 변수를 저장하는 것은 매우 편리하다. REPL의 변수를 제거하려면 workspace()를 사용한다. 다음을 고려해보자.

```
a = 42
clipboard(a)
workspace()
a # ERROR: a not defined를 반환한다.
a = clipboard() # "42"를 반환한다.
```

다른 애플리케이션에서 정보를 복사하는 데도 사용한다. 예를 들어, 웹사이트나 문서 편집기의 문자열을 복사할 수 있다. 리눅스 환경이라면 다음 명령으로 xclip을 설치한다.

```
sudo apt-get install xclip
```

줄리아 패키지 매니저

1장, '줄리아 플랫폼 설치'의 '패키지' 절에서 줄리아 패키지(약 370 패키지)[1]와 매니저 프로그램 Pkg를 소개했다. 대부분의 줄리아 라이브러리는 줄리아로 작성되었다. 이는 유동성을 갖췄을 뿐만 아니라, 자신이 변경한 버전으로 학습과 실험을 할 수 있는 뛰어난 소스다. 데이터 과학자에게 유용한 패키지는 Stats, Distributions, GLM, Optim이다. http://pkg.julialang.org/indexorg.html에서 관련 패키지를 찾을 수 있다. 이 책에서 본 패키지 목록은 부록, '매크로와 패키지 목록'의 '패키지' 절에 있다.

패키지 설치와 갱신

다음 그림과 같이 주기적으로 Pkg.update() 함수를 실행해, 로컬 패키지를 최신화하고 동기화한다.

```
       Pkg.update()
INFO: Updating METADATA...
INFO: Updating cache of JSON...
INFO: Updating cache of Winston...
INFO: Updating cache of DataArrays...
INFO: Updating cache of Distributions...
INFO: Updating ANN...
INFO: Computing changes...
```

1장, '줄리아 플랫폼 설치'에서 살펴봤듯이 Pkg.add("PackageName")으로 패키지를 설치하고 PackageName으로 사용할 수 있다. 패키지를 METADATA 저장소에서 발행했기 때문에 가능하다. 그렇지 않으면, Pkg.clone("git@github.com:EricChiang/ANN.jl.git")으로 깃 저장소를 복사할 수도 있다.

다른 방법은 줄리아 홈 폴더에 있는 REQUIRE 파일에 패키지 이름을 넣는 것이다. 의존 패키지와 패키지를 설치하려면 Pkg.resolve()를 실행한다.

특정 버전 패키지가 필요하다면(아마도 오래된 버전) Pkg.pin()을 사용한다. 예를 들어 0.4.4가 설치되어 있다면, Pkg.pin("HDF5", v"0.4.3")으로 HDF5 패키지 0.4.3 버전을 강제로 설치한다.

---

1 계속 증가하고 있기 때문에 정확한 수치가 아니다. – 옮긴이

패키지 발행

줄리아에서 모든 패키지 관리는 깃허브^{GitHub}를 통해 이뤄진다. 다음은 자신의 패키지를 발행하는 방법이다.

1. 깃허브에 있는 METADATA.jl 패키지를 복사한다^{fork}. 사용자 계정 fork의 주소를 얻는다. 다음을 실행한다.

   ```
   $ git clone git@github.com:your-user-name/METADATA.jl.git
   $ cd METADATA.jl
   ```

2. 다음 명령으로 새로운 브런치를 만든다.

   ```
   $ git branch mypack
   $ git checkout mypack
   ```

3. 폴더에 있는 패키지에 관련 파일을 넣는다. MyPack을 사용해 명령을 실행할 수 있는 mypack.jl을 /scr 폴더에 넣는다. 테스트를 위해 runtests.jl 파일을 tests 폴더에 넣는다. 패키지를 테스트할 때 실행한다.

   다른 의존 줄리아 패키지를 REQUIRE 파일에 넣는다. 호환되는 줄리아 버전도 명시한다. 예를 들어, 다음을 파일에 넣는다.

   ```
   julia 0.3-
   BinDeps
   @windows WinRPM
   ```

   이 패키지는 줄리아 0.3 버전 이상과 호환된다는 것을 보장하며, 패키지 BinDeps에 의존하며, 윈도우에서는 WinRPM에 의존한다.

   라이선스는 LICENSE.md에 관리되며, 일부 문서는 README.md에 넣는다.

   다음 명령을 실행한다.

   ```
   $ git add MyPack/*
   $ git commit -m "My fabulous package"
   ```

4. 깃허브에 패키지를 푸시한다[push].

```
$ git push --set-upstream origin mypack
```

5. 깃허브 METADATA.jl의 사용자 포크로 이동하면, 녹색 버튼 **Compare & pull request**가 나타난다. pull 요청을 하기 위해 몇 번 더 클릭한다.

좀 더 자세한 내용은 http://docs.julialang.org/en/release-0.3/manual/packages/#publishing-your-package를 참조한다.

줄리아에서 그래픽

다음과 같이 데이터를 시각화하는 몇 개의 패키지가 있다.

- Winston: (1장, '줄리아 플랫폼 설치'의 '패키지' 절을 참조한다.) 이 패키지는 plot(x, y)로 2D 매트랩[MATLAB]과 유사한 도표를 제공한다. oplot()으로 그래프를 기존 도표에 추가하며, savefig()로 PNG, EPS, PDF, SVG로 저장한다. 스크립트 내부에서 display(pl)을 사용하며, pl은 도표가 나타내는 plot 객체다. 완전한 예제는 Chapter 10\winston.jl을 참고한다(REPL에서 이를 사용한다.). 좀 더 많은 정보는 http://winston.readthedocs.org/en/latest/와 https://github.com/nolta/Winston.jl 문서를 참고한다.

- PyPlot: (1장, '줄리아 플랫폼 설치'의 'IJulia 설치해 작업' 절을 참조한다.) 이 패키지는 파이썬과 matplotlib가 설치되어 있어야 하며, PyCall 패키지로 별다른 작업 없이 작동할 수 있다.

  다음은 주요 명령이다.

  ○ plot(y), plot(x,y)는 기본 선 모양과 색상을 사용해 y, x를 도식화한다.
  ○ 로그 스케일 도표[log scale plot]를 사용하고자 한다면 semilogx(x,y), semilogy(x,y)를 사용한다.
  ○ title("A title"), xlabel("x-axis"), ylabel("foo")로 라벨을 붙인다.
  ○ 도표의 상단 왼쪽에 범례[legend]를 넣고자 한다면 legend(["curve 1", "curve

2"], "northwest")를 사용한다.

- ○ 격자선, 같은 크기의 x와 y를 사용하고자 한다면 grid(), axis("equal")을 사용한다.
- ○ LaTeX 방정식으로 제목을 넣고자 한다면 title(L"the curve $e^\sqrt{x}$")를 사용한다.
- ○ savefig("fig.png"), savefig("fig.eps")는 이미지를 EPS나 PNG로 저장한다.

- Gadfly: 이 패키지는 data-driven documents(d3)를 사용해 ggplot2와 같은 도표를 지원하고 통계 그래프에 매우 유용하다. 패키지는 표현력이 높은 그래프를 PNG, PostScript, PDF, SVG 형태로 표현한다. SVG는 패닝[panning], 줌인[zooming], 토글[toggling] 등의 대화형 기능을 제공한다. 다음은 일부 명령이다(Chapter 10\gadfly.jl을 참고하고, REPL을 사용한다.).

```
draw(SVG("gadfly.svg",6inch,3inch), plot([x -> x^2],0, 25))
pl = plot([x -> cos(x)/x], 5, 25)
draw(PNG("gadfly.png", 300, 100), pl)
```

다음은 구체적인 예제다. 좀 더 많은 정보는 http://gadflyjl.org/를 참고한다.

데이터에 Gadfly 활용

8장, 'I/O, 네트워킹, 병렬 컴퓨팅'의 '데이터프레임 사용' 절에서 와인 샘플을 평가할 때 만든 히스토그램을 시각화하기 위해 Gadfly를 적용해보자.

```
# Chapter 8\DataFrames.jl 코드
using Gadfly
p = plot(df_quality, x="qual", y="no",
Geom.bar(),Guide.title("Class distributions (\"quality\")"))
draw(PNG(14cm,10cm),p)
```

다음은 출력이다.

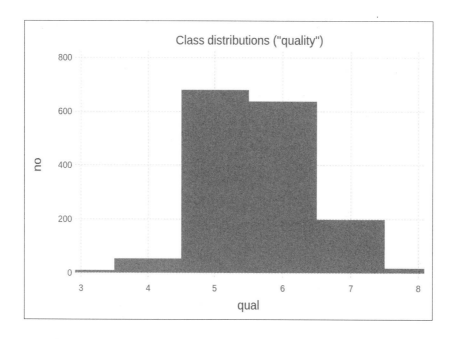

여기서 의료 데이터를 다뤄보자. medical.csv 파일은 IX, Sex, Age, sBP, dBP, Drink, BMI와 같은 열을 가진다(IX는 데이터 줄에 대한 수, sBP와 dBp는 수축 및 확장 혈압, Drink는 음주 여부, BMI는 신체 용적 지수다.). 다음 코드는 50개 행과 7개의 열을 포함한 파일을 읽어 데이터프레임 df에 넣는다.

```
# Chapter 10\medical.jl 코드
using Gadfly, DataFrames
df = readtable("medical.csv")
print("size is ", size(df)) #> size is (50,7)
df[1:3, 1:size(df,2)]
# 데이터 샘플
IX Sex Age sBP dBP Drink BMI
0 1 39 106.0 70.0 0 26.97
1 2 46 121.0 81.0 0 28.73
2 1 48 127.5 80.0 1 25.34
```

데이터를 약간 변경한다. Sex는 여성일 때 1, 남성일 때 2다. F와 M으로 각각 변경하

자. 마찬가지로, 음주 여부에 대해 0을 N으로, 1을 Y로 변경한다. 이럴 때, ifelse 함수는 매우 편리하다.

```
# 데이터 변환
df[:Sex] = ifelse(df[:Sex].==1, "F", "M")
df[:Drink] = ifelse(df[:Drink].==1, "Y", "N")
df[1:3, 1:size(df,2)]
# 변환한 데이터 샘플
IX Sex Age sBP dBP Drink BMI
0 F 39 106.0 70.0 N 26.97
1 M 46 121.0 81.0 N 28.73
2 F 48 127.5 80.0 Y 25.34
```

데이터에 대한 통계를 얻고자 하면, describe(df)를 사용한다. 이를테면, Age의 표준 편차standard deviation는 std(df["Age"])로 구할 수 있으며 8.1941이다.

남성과 여성에 다른 색상을 넣어, 나이에 대비한 수축 혈압을 도식화해보자. 브라우저에서 히스토그램으로 연속적인 선을 부드럽게 그려보자.

```
set_default_plot_size(20cm, 12cm)
plot(df, x="Age", y="sBP", color="Sex", Geom.smooth, Geom.
bar(position=:dodge))
```

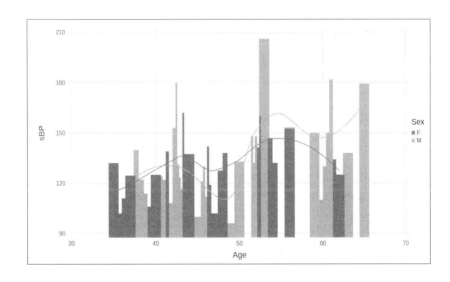

파일로 그림을 저장하고자 한다면, draw 함수에 이름과 plot 객체를 넣는다.

```
pl = plot(df, x="Age", y="sBP", color="Sex", Geom.smooth, Geom.
bar(position=:dodge))
draw(PDF("medical.pdf", 6inch, 3inch), pl)
```

Gadfly로 산포도^{scatter plot}, 2D 히스토그램, 박스 도표와 같은 많은 도표를 그릴 수 있다.

요약

이번 장에서는 표준 라이브러리로 줄리아가 제공하는 기본 기능을 알아봤다. 그리고 데이터 과학에 적용할 수 있는 좀 더 유용한 패키지도 살펴봤다.

지금까지 살펴본 줄리아의 역량이 줄리아가 과학 계산 분야와 (빅) 데이터 애플리케이션 분야에서 중심이 되는 이유를 제대로 보여줬길 바란다. 이제는 줄리아로 프로젝트를 시작해보자.

부록

매크로와 패키지 목록

매크로와 패키지 목록

장	이름	절
2	@printf	숫자와 문자열 형식화
	@sprintf	숫자와 문자열 형식화
3	@which	제네릭 함수와 멀티플 디스패치
	@time	제네릭 함수와 멀티플 디스패치
	@elapsed	제네릭 함수와 멀티플 디스패치
4	@task	태스크
7	@assert	'기본 매크로' 절의 테스트
	@test	'기본 매크로' 절의 테스트
	@test_approx_eq	'기본 매크로' 절의 테스트
	@test_approx_eq_eps	'기본 매크로' 질의 테스트
	@show	'기본 매크로' 절의 디버깅
	@timed	'기본 매크로' 절의 성능 비교
	@allocated	'기본 매크로' 절의 성능 비교
	@async	'기본 매크로' 절의 태스크 (또한 8장, 'I/O, 네트워킹, 병렬 컴퓨팅')

(이어짐)

장	이름	절
8	@data	데이터프레임 활용
	@spawnat	'병렬 연산과 컴퓨팅' 절의 저수준 통신 사용
	@async	TCP 소켓과 서버 작업
	@sync	TCP 소켓과 서버 작업
	@spawn	'병렬 연산과 컴퓨팅' 절의 저수준 통신 사용
	@spawnat	'병렬 연산과 컴퓨팅' 절의 저수준 통신 사용
	@everywhere	'병렬 연산과 컴퓨팅' 절의 저수준 통신 사용
	@parallel	'병렬 연산과 컴퓨팅' 절의 저수준 통신 사용
9	@windows	외부 프로그램 실행
	@unix	외부 프로그램 실행
	@linux	외부 프로그램 실행
	@osx	외부 프로그램 실행
	@inbounds	성능 팁
	@profile	성능 팁

패키지 리스트

장	이름	절
0	MATLAB	데이터 과학자 관점에서 다른 언어와의 비교
	Rif	데이터 과학자 관점에서 다른 언어와의 비교
	PyCall	데이터 과학자 관점에서 다른 언어와의 비교
1	Winston	패지키
	IJulia	IJulia 설치해 작업
	PyPlot	IJulia 설치해 작업
	ZMQ	Sublime-IJulia 설치해 작업
	Jewel	Juno 설치
2	Dates	날짜와 시간(버전 0.3 이하)
	TimeZones	날짜와 시간(버전 0.4 이상)
5	ImmutableArrays	매트릭스
	Compat	딕셔너리
8	DataFrames	데이터프레임 활용
	DataArrays	데이터프레임 활용
	RDatasets	데이터프레임 활용
	JSON	데이터프레임 활용
	LightXML	데이터프레임 활용
	YAML	데이터프레임 활용
	HDF5	데이터프레임 활용
	IniFile	데이터프레임 활용
	ODBC	ODBC
9	Cpp	C와 **포트란** 호출
	Clang	C와 포트란 호출
	Lint	성능 팁
	TypeCheck	성능 팁
	ProfileView	성능 팁
10	Gadfly	성능 팁

찾아보기

에이콘출판의 기틀을 마련하신 故 정완재 선생님 (1935-2004)

Julia 프로그래밍
데이터 처리를 위한 쉬운 고성능 언어

인 쇄 | 2015년 11월 20일
발 행 | 2015년 11월 27일

지은이 | 이보 발바르트
옮긴이 | 전 철 욱

펴낸이 | 권 성 준
엮은이 | 김 희 정
　　　　전 도 영
　　　　전 진 태
표지 디자인 | 한국어판_이승미
본문 디자인 | 김 연 옥

인쇄소 | 한일미디어
지업사 | 다올페이퍼

에이콘출판주식회사
경기도 의왕시 계원대학로 38 (내손동 757-3) (16039)
전화 02-2653-7600, 팩스 02-2653-0433
www.acornpub.co.kr / editor@acornpub.co.kr

이 도서의 국립중앙도서관 출판시도서목록(CIP)은 서지정보유통지원시스템 홈페이지(http://seoji.nl.go.kr)와
국가자료공동목록시스템(http://www.nl.go.kr/kolisnet)에서 이용하실 수 있습니다.(CIP제어번호: CIP2015031671)

책값은 뒤표지에 있습니다.